真田一族の史実とロマン

東信史学会

戸石城跡より真田地方を望む。右手中ほどにお屋敷跡、その左上に真田本城が見える。谷の奥の白い山は四阿山。神川は四阿山から流れ出し、左から手前の方へ下り、戸石城の急崖を洗っている。

真田本城跡。真田町真田の集落から見上げたところ。手前を横切る道路は菅平有料道路。
この城は真田氏が戸石城・上田城へ進出する前の本拠地だったろうと推測されている。周辺のいくつかの山城の中心にあり、戦略的に絶好の場所である。

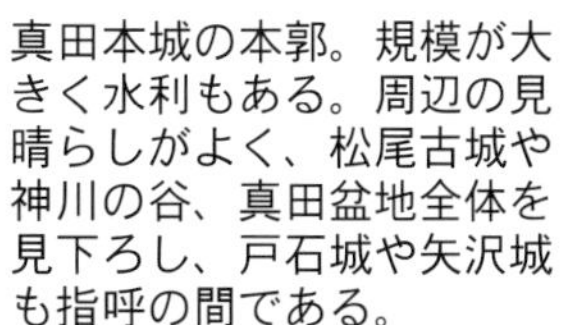

真田本城の本郭。規模が大きく水利もある。周辺の見晴らしがよく、松尾古城や神川の谷、真田盆地全体を見下ろし、戸石城や矢沢城も指呼の間である。

真田氏の旧跡

〔右上〕 松尾古城跡。正面の松の生えているけわしいやせ尾根で、見晴らしがよい。真田氏が本城を築く前の城だったともいわれる。右手下に日向畑遺跡や安智羅明神がある。
〔右中〕 山家神社。神川流域一帯の人々に尊崇されている古社。真田氏も手厚く保護した。
〔右下〕 長谷寺。真田氏の菩提寺で、幸隆夫妻・昌幸の墓がある。入口の石の門が珍しい。
〔下〕 真田氏居館跡。一般にお屋敷と呼んでいる。

上州経略の拠点

〔上〕　岩櫃山遠景。三国一の堅城といわれた岩櫃城は、けわしい山に守られていた。城跡はこの山の向う側に、隠れるようにある。
〔右〕　岩櫃城本丸跡。幸隆が政略して以来、真田氏の上州経略の最重要拠点となり、数々のドラマの舞台となった。

〔左〕　沼田城本丸跡の石垣と御殿桜。築城以来のものといわれ、真田氏が秘術をつくして防戦したあとをしのぶことが出来る。
〔下〕　沼田城跡遠景、手前は利根川。三方が急な崖に囲まれ、大手は右の台地上にひらく。今は沼田公園として整備されている。

活躍の舞台・上田

戸石城跡から上田盆地をのぞむ。左下の山は米山城跡。幸隆は得意の調略で戸石城を攻め落とし、上田進出への足がかりを築く。

桜にいろどられた上田城跡。昌幸が小県統一の拠点として盆地の中央に築いた上田城は、徳川の大軍を二度も破り、真田氏の名を天下にとどろかせた。

真田一族の史実とロマン　目次

目次

一　真田一族のふるさと

真田本城付近から四阿山をのぞむ

はじめに

上田城が築かれたのは天正十一年（一五八三）、今からおよそ四〇〇年前である。上田城を中心にしてつくられたのが上田市の中核となっている上田城下町。だから上田城は、上田市にとって生みの親ともいえる。この上田城を築いたのが真田昌幸であった。

また真田一族のふるさととしてよく知られているのが真田町である。上田市の東北一〇キロメートル、避暑地・スキー場として有名な菅平を含む面積一八一・七平方キロメートル、人口一万余人の町。なんといってもこの町は、天下にその名の知れわたっている真田氏の発祥の地として、きわめて貴重な存在だ。

真田町を中心とした地方に残る城館跡は、その中心城郭と称すべきものと、それをめぐる多くの支城的性格のものとによって構成されている一大城跡群であると言われる。しかもそれは、東には中世における信濃の名族海野氏の本拠であった海野郷と、北東には、鳥居峠を越えて上州吾妻（あがつま）郡地方と直接連絡し、ひとり信州だけでなく上州・信州にわたって広大な地域の政治的中心として、あるいは古代から、特別の役割を果たしてきた城跡群ではなかったかという推

真田氏記念公園。上田から国道一四四号線をたどると、真田町に入ってすぐのところにある。池波正太郎氏書の「真田氏発祥の郷」の碑が立ち、岡田益男氏作の真田幸隆・昌幸・幸村のレリーフが並んでいる。

論も立てられるのである。

古代国牧（信濃国が経営する牧場）の経営者であったと見られる真田氏は、まず始めは今の傍陽の実相院から小学校あたりにかけて本拠をかまえていた。そして国牧の経営にあたり、国府の有力者として栄えていたらしいが、中央の政権が衰えてくると、国牧は私牧となり、それを基盤として土豪となり、成長していく。それは鎌倉時代に入る前からであろうと考えられる。

それからの真田氏は今の真田地区全体を支配するため、現在の信綱寺の前の平地、すなわち内小屋（内城）に本拠を移した。そして横尾城を山城とし、城下町を内小屋の前に開いた。それが横尾の部落で、四日市という地名もあるし、市神様もあることがそれを推察させる。

その後、真田地方の防備を完全なものにするためには、その中心に大規模な山城を作る必要があった。そのため作ったのが十林寺の本城でこれを中心として、後出の地図のように真田町のまわりに数多くの衛星的な城を築くことによって、真田氏の地盤はますます強固なものになった。その十林寺の本城に対する居館跡は、はじめ本城の北側の真田にあったと思われるが、後に南面に移し堂々たる居館を構築した。今、これを「お屋敷」といっている。このお屋敷や本城が、天正十三年まで続いて上田築城の際、原之郷にあった城下町まで、一切が上田城下に移った。上田城下町の基幹となった原町の名は、この原之郷か

真田氏本城。居館の方から見る。遠くにかすかに見えるのは根子岳。本城は戦略的にも重要な位置にあり、この地方ににらみをきかしていた。

ら移転したためつけられた名であることはいうまでもない。

真田氏が歴史上に始めてその名前が出てくるのは、応永七年（一四〇〇）の大塔合戦である。大塔合戦とは、信濃の守護になった甲州出身の小笠原氏に対抗して信州の土豪たちが戦った合戦で、結局は土豪たちが勝ち小笠原氏の敗退で終った信州の歴史上でも大きな出来事であった。その国人達の中に祢津氏の部下の将として桜井・別府・小田中・実田・横尾・曲尾等の諸将が記録されている。これが真田氏（実田氏とも記す）の文献上の初出である。実田氏が横尾・曲尾氏の筆頭にあることは、横尾・曲尾氏の上席にあったことを暗示している。

真田氏が、現存の史上にはっきりしてきたのは、天文十年（一五四一）の海野平の合戦（神川合戦）である。天文十年五月武田信虎・村上義清・諏訪頼重の連合軍に攻撃されて、東信濃の豪族海野一族は敗北し、大将海野幸義は戦死したと言われている。この海野一族のうち矢沢・常田氏などは降参してしまったが、真田一族は真田の旧地を退散して隣りの上州へ落ちのびた。この上州へおちた真田一族の中心人物が真田幸隆と考えられている。

この真田幸隆が、その後、武田信玄に臣事し、永禄年間上州吾妻郡の諸城を次々と攻略していく。天正三年三河国の長篠合戦で討死した真田源太左衛門信綱・真田兵部昌輝。天正十一年上田城を築城し、徳川氏の大軍を二度までも撃退し、天下にその名を示した真田昌幸・幸村（信繁）父子。大坂冬の陣・夏の陣における幸村・大助の獅子奮迅の働き。江戸末期まで連綿と続く基礎を固めた初代松代藩主信之等々、幕末まで真田家は信州で生まれ信州で終焉を迎えた信濃国唯一の大名でもあった。戦国時代に、親子・兄弟の争い、また血と血で争うのを日常のようにしていた戦国の世に、真田一族に限ってその話は一つもないのである。また、一度真田に臣事した家臣は、一人として離反したものはなく、みな一生を真田家に仕えているのをみると、真田家の家風が自然にわかってくる。こういうことも手伝って真田氏一族の名声は尽きることがないのもうなずけるのである。

本書は地元の研究者による集大成である『上田小県誌』第一巻歴史篇上（二）（昭和五十五年発行）の「真田氏」の章を中心に編成した。積み重ねられた歴史的な事実の奥には、また壮大なロマンがひそんでいることを、読みとっていただければ幸いである。

二　真田氏の発祥と真田地方

真田氏居館跡遠景（中央の森）

真田町全図

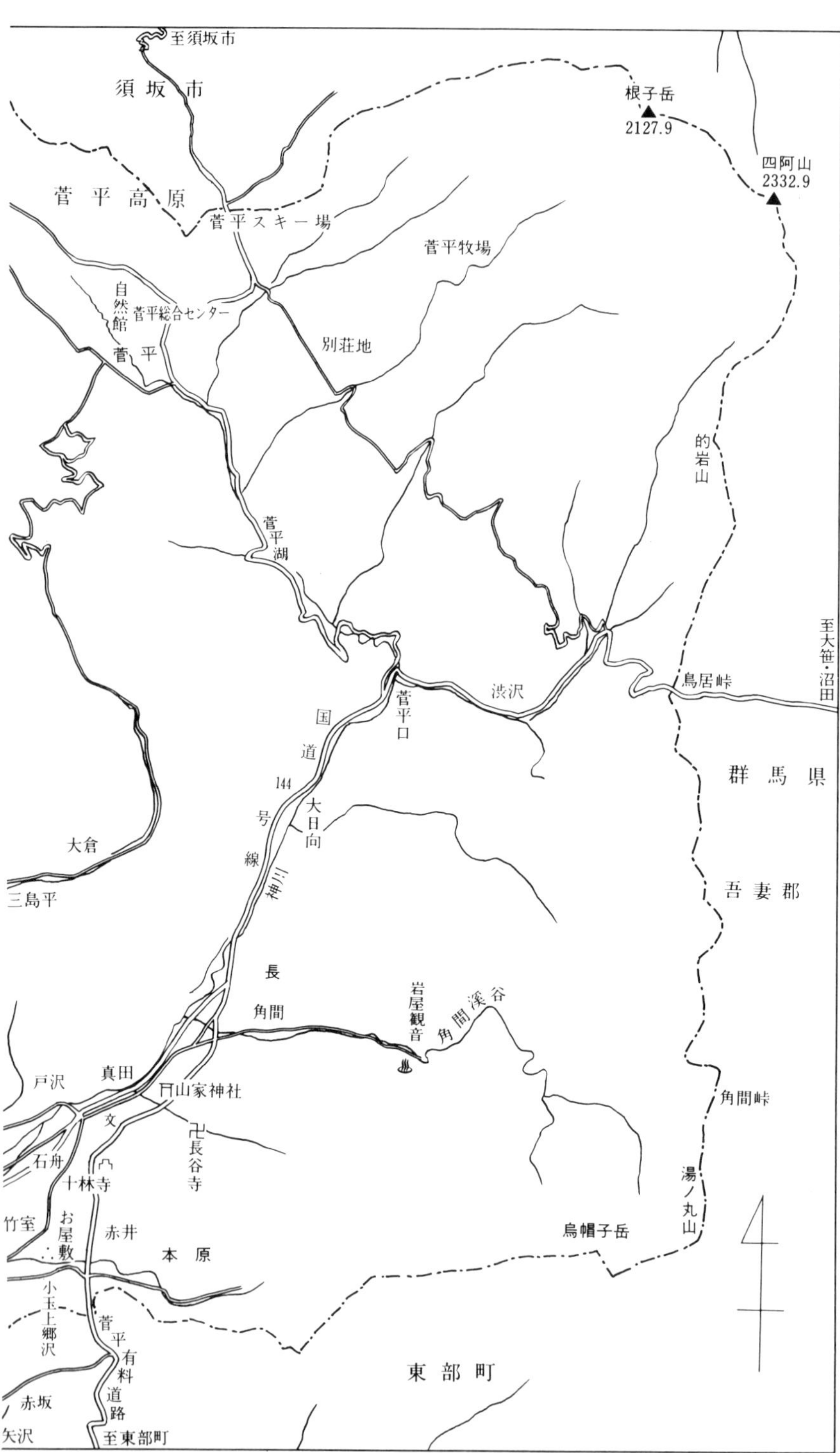

至須坂市
須坂市
根子岳
2127.9
四阿山
2332.9
菅平高原
菅平スキー場
菅平牧場
自然館
菅平総合センター
菅平
別荘地
的岩山
菅平湖
渋沢
菅平口
至大笹・沼田
鳥居峠
国道144号線
群馬県
大日向
大倉
三島平
神川
吾妻郡
長
角間
岩屋観音
角間溪谷
真田
戸沢
山家神社
角間峠
文
長谷寺
石舟
十林寺
湯ノ丸山
竹室
お屋敷
赤井
本原
烏帽子岳
小玉上郷沢
菅平有料道路
東部町
赤坂
矢沢
至東部町

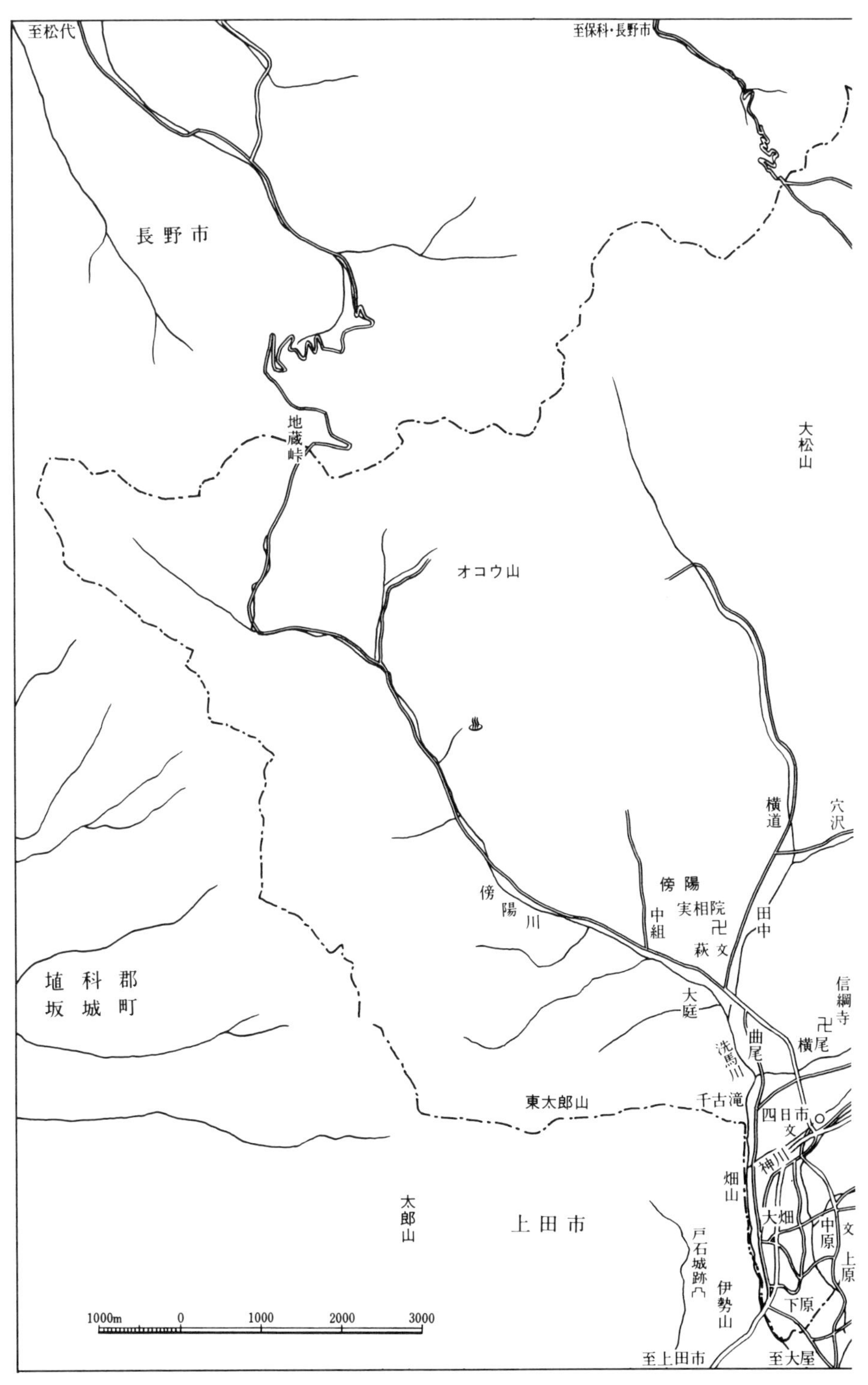
至松代
至保科・長野市
長野市
地蔵峠
大松山
オコウ山
横道
穴沢
傍陽
実相院
中組
田中
萩
傍陽川
信綱寺
大庭
曲尾
横尾
洗馬川
埴科郡
坂城町
東太郎山
千古滝
四日市
神川
畑山
太郎山
上田市
大畑
中原
上原
戸石城跡
伊勢山
下原
1000m
0
1000
2000
3000
至上田市
至大屋

神川の清流。四阿山・菅平を源流として、流域の人々の生活をうるおしてきた。真田町大日向付近にて。

真田氏発祥の地

奈良時代に信濃の国府が置かれた上田。その北東にあり、山々に囲まれた盆地、清流神川（かんがわ）が真中を流れる村里、真田町。ここが戦国乱世に活躍した真田一族発祥の地である。

真田町の奥にそびえる霊峰四阿山（あずまやさん）。古くから山岳信仰の中心として知られ、ふもとの山家（やまが）神社とともに神川流域全体の人々の崇敬を集めている。山家神社は四阿山を奥宮とする里宮であるが、延喜式にも載る古社。この山家神社のあるところが真田集落で、その神川沿いには「真田」という小字が残る。真田という地名はこれから出たもので、真田氏の発祥はこの地からともいえる。

四阿山の信仰圏は北信濃の善光寺平方面、あるいは上州（群馬県）方面にも広がっている。そして烏帽子岳（えぼしだけ）や浅間山にいたる、現在は上信越高原国立公園に指定されている一大山岳地帯の枢要な場所であった。

一方で神川は、古くに開かれた用水の水源として大きな役割をになった。すなわち左岸では吉田堰（古名・童女堰（おうなせぎ））が今の上田市殿城・豊里から東部町方面にのびる。海野（うんの）氏や祢津（ねつ）氏も含めた神川流域の一体感をかもし出す源でもあった。右岸では堀越堰（伊勢山堰）等いくつかの用水の取水が行われており、

信綱寺および内小屋城跡。中央の森の中に見える屋根が信綱寺本堂、左手には山門（黒門）も見える。このあたりは内小屋と呼ばれ、真田氏の発祥にとって重要な故地であった。右手の集落は戸沢、その手前を神川が流れている。

これらは古い条里的遺構を有する神科台地や太郎山麓をうるおしている。その末流は上田城の周辺に導かれており、城と城下町の人々にとっても重要な水であった。

こうして真田地方を押さえ、神川の水を活用することが、真田氏が上田へ進出し活躍の場を広げていく大きな要素となったのである。

その真田地方は、古くは菅平唐沢岩陰遺跡・広山寺古墳・藤沢古墳などに代表される古代文化。日本武尊・坂上田村麻呂将軍にまつわる古い伝説。真田氏の祖先が、信濃国の国府の役人として切り開いたといわれる国府経営の数々の遺跡。等々、限りないロマンの世界を繰り広げている。

真田氏の発祥に関わる旧跡は今なお数多く残されている。特にこの里の山城は、それぞれ個有の機能を持ちつつ他の城と連絡しながら、真田地方に一大要塞地帯を形成していた。その主なものだけでも真田本城・天白城・松尾古城・内小屋城・横尾城・根小屋城・洗馬城などがあげられる。

真田地方の史跡

真田氏の発祥を探る前に、真田地方に残る多くの史跡を紹介しよう。ゆかりの史跡をみることによって、真田氏の性格も浮かびあがってくるであろう。

松尾古城跡。やせた尾根に石塁などの遺構が残る。左に神川、右に角間川があり、谷をおさえる重要な地点に位置する。角間側のふもとには安智羅明神や日向畑遺跡があり、真田氏にゆかりが深かった一帯である。

真田氏関係城跡・砦跡位置図

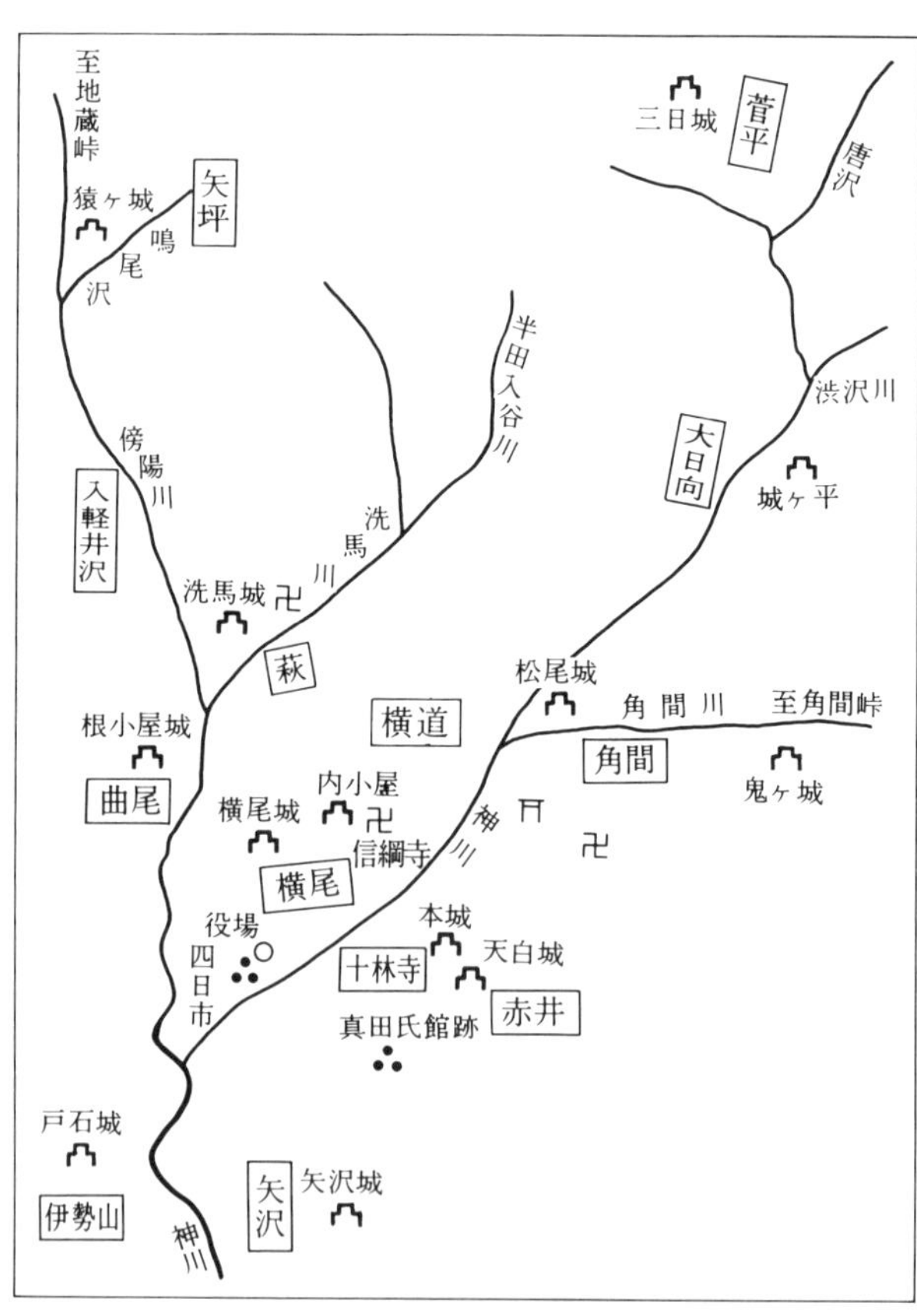

安智羅様。幸隆十八歳の時の像、あるいは幸村の若い頃の姿ともいう。

安智羅明神に隣接する日向畑遺跡。

松尾古城と安智羅明神

松尾古城は真田町角間（かくま）と横沢の間にある山城。一般に松尾城、または松尾古城といっている。真田氏が真田の郷に土豪としていたころの城跡で、十林寺の城とはくらべものにならない小さい規模である。とうてい、多勢の兵馬を収容することはできない。しかし、場所としては非常によく、ここで見渡せば眺望がよくきいて、小県郡の大体は見通すことができる。ことに東の方は山の尾根がずっと高くなっていて、「遠見番所跡」と称するところがある。さらに東へ出ると、石積みがあり、上州側まで遠望することができる。おそらく、幸隆時代以前から、昌幸時代までの物見を兼ねたノロシ台であろう。この城自身はそう大きくはないが、非常に重要な地であったということになる。菅平方面への道、鹿沢（かざわ）峠への道をここでおさえたものであろう。

この松尾古城の麓、角間部落の入口に安智羅（あんちら）明神がまつられている。ここには幸隆十八歳の時の木像といわれるものが伝わっている。

このあたりは真田氏にとって古くからゆかりがあったと伝えられ、安智羅明神のとなりには室町期から戦国期にかけての五輪塔が出土した「日向畑遺跡（ひなたばたいせき）」がある。その東側の一帯が真田氏一族の誰かの居館跡ではないかと想定される。

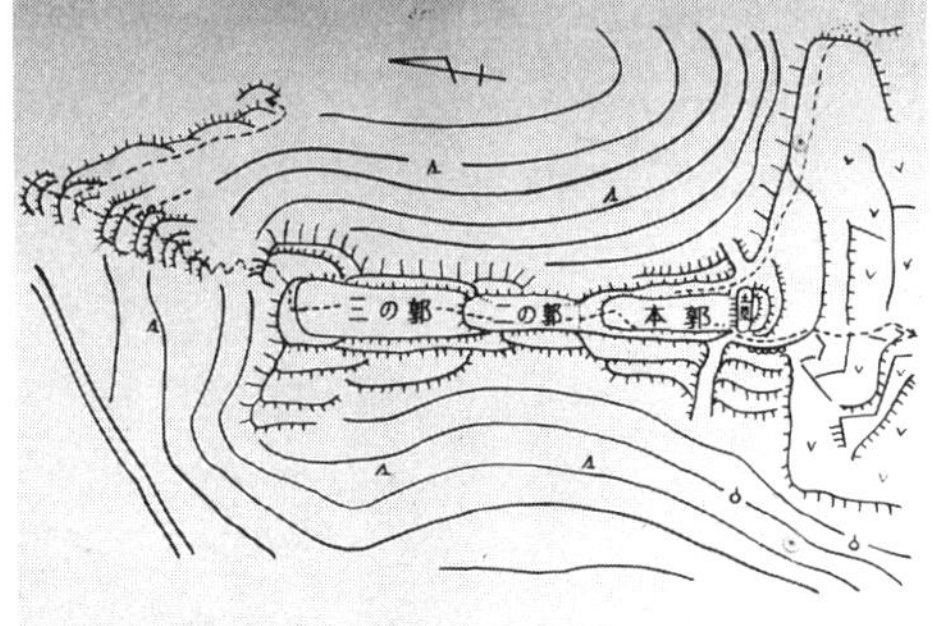

真田氏本城跡。〔上〕は遠景、中腹を菅平有料道路が横切り、その下に十林寺の集落が続く。遠くに見える白い山は四阿山・根子岳。〔中〕は城跡の略図。〔下〕は本郭跡、ここに登ると周囲の見はらしがすばらしい。

真田の本城

十林寺にある城。古い城の構えで、十林寺の熊久保という部落から登っていくと頂上までいくつもの郭があり、それから堀切りがあってその上が本城となっている。南西方面に広がるゆるやかな斜面は、真田氏の居館跡や原の郷へと続き、さらに指呼の間に戸石城・矢沢城・上田方面を望むことができる。

本郭は東西九メートル、南北三七メートルの広さ。南側に高さ二メートルの

山家神社。延喜式にものる古社で、白山寺・蓮華童子院などとも呼ばれた。四阿山頂に奥宮があり、真田にあるものは里宮にあたる。神川流域一帯の人々の信仰を集めている。

土塁を築き南方の備えとする。北方へは二の郭、三の郭と段差を設けながら一〇〇メートルにも延び出し、その北側は急崖となって、厳重に上州方面の防備としている。なお熊久保部落の上方の山地から水を引いてきて城内に入れている。

規模も大きくて、周辺城跡群の位置的関係からみて、真田氏の一大中心としての本城の役目を充分にになっている城である。中世、このような築造技術を駆使しているところをみると、真田氏もなかなかの築城技術をもっていたことをうかがわせる。幸隆時代の本城とされており、幸隆の活躍した雄姿が松の影から見えるような気がする。

山家神社と長谷寺

山家（やまが）神社は真田町の真田部落にある延喜式内社。大国主命・伊邪那美命を祭神とする古代山家郷の産土（うぶすな）神で、加賀の白山社を合祀したので「白山様」とも呼ばれている。奥宮は四阿山頂にあり、四阿山から流れ出す清流、神川の水は、地元の真田町はむろんのこと、東部町・上田市をうるおす生命の水として、古代からあつく崇敬されてきている。

この山家神社には、発祥に関係する古文書など、真田氏に関する貴重な資料が数多く保存されている。永禄五年の幸隆と信綱の署名のあるもの、天正二年

長谷寺。本堂前の石のアーチが珍しいが、創建当時のものと伝える。幸隆の開創で、真田家の菩提寺であった。幸隆夫妻・昌幸の墓がある。この寺にはシダレザクラの古木が多く、花どきは実に美しい景観となる。

の蓮花童子院宛の真田信綱の安堵状、天正三年の同じ蓮花童子院宛の真田昌幸の安堵状などがある。

なお、このお宮の駒形社と同じものが上田の科野大宮社にもある。真田昌幸が上田築城のとき移したものと思われる。真田氏の性格の表われであろう。

長谷寺は、真田山種月庵長谷寺といい、曹洞宗で松代の長国寺の末寺になっている。真田幸隆が天文十六年（一五四七）に真田の地へ帰ることができたときに、安中市の長源寺の晃運和尚をともなってきて開山として開いた寺で、真田氏の菩提寺となった。

元来は現在の位置より奥まったところに建っていたらしいが、詳しいことは不明である。また、さらに奥の岩山には岩井堂という観音堂があり、ここには弘長三年（一二六三）銘の石碑が立つ。県下では有数の古碑である。山家神社が白山権現と呼ばれたことも合わせて、このあたりは中世には山岳仏教・修験道の一大中心地だったと見られている。

幸隆によって開かれた長谷寺は、のちに昌幸により整備され、元和八年（一六二二）、真田信之が松代に移ったとき、松代の地に長国寺を建立したので、以後、その末寺となった。本堂前のアーチ形の大石門は創建当時のものといわれ、六文銭が彫刻されている。本堂の裏手には、真田幸隆夫妻と昌幸の墓がある。

真田氏館跡

真田町の人たちに「お屋敷」と呼ばれて親しまれている。真田昌幸が現在の上田の地へ城を築くまでの真田一族の住んでいた居館の跡だろうといわれている。現在は、六月になると、お屋敷内一円に育った山ツツジの大群落が、真赤に花開き、見物に訪れる者の目を楽しませている。

この屋敷跡は、県の史跡指定地で四方一七〇間余、お屋敷というより中世の

真田氏居館跡・立道・原町・地蔵堂位置図

至菅平
真田本城
十林寺
至荒井
竹室
天白城
地蔵堂
北町上
中
大沢川
お屋敷
原
立道
赤井
広山寺
番匠
南町上
本原小学校
小玉上郷沢
菅平有料道路
上原
下郷沢
町上
至東部町
至下原

真田氏居館跡（お屋敷）。戦国期より古い構築ともいわれ、土塁（土居）の跡にその面影をしのぶことができる。今は中央に伊勢宮がまつられ、小公園となっている。写真は〔中〕が公園、左手に土塁跡がわかる。〔下〕は伊勢宮。

真田氏居館跡の配置図（真田町教育委員会の説明板より）。

城の構えをしていて、十林寺の本城と結んで考える必要があり、戦国期より古い規模で、真田氏の一大中心地であったろうと思われる。

この居館跡は、北東に真田氏本城・天白城・松尾古城があり、北方には、神川をはさんで内小屋城・横尾城・根小屋城、南には戸石城・矢沢城とあって、文字通り十重二十重に周囲を固められていて、難攻不落の要塞で、居館として最も地の利を得ている。真田幸隆の長子で、長篠合戦で織田信長・徳川家康の連合軍の鉄砲隊により討死した真田信綱もここに住んでいた。

後世の大真田氏に発展していく貴重な遺跡として、昭和四十二年に長野県史跡に指定された。

信綱寺と横尾城

信綱寺は正式の名は大柏山信綱寺、曹洞宗で開基は真田信綱、開山は順京和尚である。はじめは横尾城の東の梅の木にあって好雪斎大柏寺といっていたが、現在地に移って大柏山打越寺となる。その後信綱の墓所として昌幸が現在の名前に定めたものである。

この付近は往古から内小屋（うちごや）と呼ばれ、真田氏が鎌倉時代ごろまで土豪として館を構えたゆかりの地と想定される。だからこそ、真田の嫡子信綱の菩提寺としたものであろう。寺には、長篠の合戦で戦死した信綱の鎧・陣羽織・馬具等

信綱寺。幸隆の長男信綱の開基と伝えられ、夫妻の墓がある。このあたりは内小屋と呼ばれ、真田氏にとって一時期重要な地だったらしい。写真〔上〕は本堂。〔中〕は黒門と呼ばれる山門で、豪壮な作り。〔下〕は横尾城跡。内小屋に対する防備の役目も持っていたのであろう。

が宝物として大切に保管されている。享保二年（一七一七）本堂を移転した際、信綱の墓も裏手の高台に移された。

横尾の部落の背後に横尾城がある。この城は南方からくる敵に対して内小屋を守る性格をもっているが、曲尾の根小屋城もこの横尾城と同じ性格をもっていたと考えられる。つまりこの横尾城や曲尾の各城が連絡をとりあって、中世真田氏の本拠である内小屋を守ったものであろう。

実相院。天台宗の古刹で、崖の上に建てられた観音堂や、以前は蛙合戦が盛んだった蓮池など見どころが多い。このあたりは、古代の国牧の中心地ではなかったたか、と推定されている。

実相院と堀の内

実相院（じっそういん）は正式には、金縄山（きんじょうざん）実相院観音寺といい、一〇〇〇年前の創立という由緒ある寺である。群馬県長楽寺末で天台宗。昔は北方の山腹堂平にあったという。本尊は鎌倉初期の作といわれる木造馬頭観音で、真田町地方の人々の信仰があつい。この寺のある傍陽（そえひ）地区から、菅平（すがだいら）・四阿（あずまや）高原、さらに広大な高原を有する北上州へかけての一大牧場地帯を真田氏の祖先は支配していたと見られ、この牧場の守護神として馬頭観音を祭ったという考え方が有力である。

現在、この近辺には「牧の内」・「牧の平（ひら）」・「馬立（まだち）」・「野馬除」などの牧に関する地名が多く残っている。また、傍陽小学校の近くに「堀の内」という地名があり、学校の前の所を「表（おもて）」といっていて、このあたりが一番古いころの本拠地ではないかと推定されている。

鬼ケ城・猿ケ城・三日城

松尾古城の背後の角間部落にいく途中の角間の谷に鬼ケ城（おにがじょう）がある。また、大日向には城ヶ平があり、猿ヶ城が矢坪の湯のところにある。

こうした城は角間峠の入口にあって、戦さが始まると妻子眷族（けんぞく）を、猿ヶ城なり、鬼ケ城へ住まわせ、戦さが危なくなると隣りの国へ落ちのびさせる。鬼ケ城の場合、角間峠をこえて、親類づき合いをしているような土豪のところへ落ちのびさせる。こういう役目の詰めの城が、鬼ヶ城であり、猿ヶ城、三日城であった。

鬼ヶ城の上にそびえる奇岩。鬼ヶ城跡は角間渓谷の途中、今の角間温泉（岩屋館）から入ったところにある。こうした〝隠れ城〟がこの地方にはいくつかあった。

こうした城や居館等が、実際にどのように利用されていたのか、厳密には不明なところが多い。しかし、さまざまな史跡の現場には、武将たちが描いた夢や山野をかけめぐった息吹きが、すぐ身近に感じることが出来る。

史跡はそのままでは真田氏のルーツを指し示すことはできないが、文献によるものと合わせて、その出身をさぐってみたい。

解明されつつある〝ナゾの出自〟

真田氏の出自については、江戸期に真田氏の系譜として編纂されたものではすべて小県郡の名族海野氏の直系として書かれ、真田氏は、幸隆が真田に居住し真田を姓としたことにより始まるとされている。一方、真田家と近い間柄にはあるが第三者的な立場から書かれた系図には、幸隆は海野棟綱の娘の子、すなわち孫とされている。

系図の信頼性には多くの問題があるにしても、後者は、応永七年（一四〇〇）

の大塔合戦の時、大手攻口の将、祢津越後守遠光の一党の中に、桜井・小田中・別府・横尾・曲尾等と共に実田の名が見えること（『大塔物語』）、また、どこからの出典かわからないが『信陽雑誌』に、永享十年（一四三八）の結城合戦で村上頼清に従って出陣した信濃の武士の中に、海野十郎・祢津小二郎・室賀入道等と共に真田源太・同源五・同源六等の名が見えること等と符合する。こうしたことから考え、真田氏は、幸隆から突如として出現したものではなく、海野氏の系統をくむ庶族としてかなり古くから、現在の真田町を本拠に土着していた土豪であったと見ることの方が自然だと思われる。

ところで、この真田氏の出自については、上田・小県誌編纂委員会と真田町教育委員会が、故・一志茂樹博士（当時信濃史学会長）を中心として三年間（昭和五十一～三年）にわたり真田町を実地調査したが、そのまとめに際し一志氏は、それ以前に行われた神科台地（現上田市）の条里的遺構調査の結果と総合して注目すべき見解を発表している。

それによると今を溯ることおよそ一、三〇〇年程前、信濃の政治を司どる国府が小県の地に置かれていたことは、周知のことである。国府である以上それを守る軍団が置かれ、その兵馬や役人の足となり物資の運搬に使用される多くの馬が必要である。したがって、当然のことながらその馬を飼育し供給する国府直属の国牧が近くになくてはならないが、従来こうした研究はあまり進んで

菅平から見た四阿山（右）と根子岳。菅平高原は古くから馬の放牧地として利用されたらしい。現在は有数の観光地として、また高原野菜の産地としても知られている。

真田町牧関係地名図

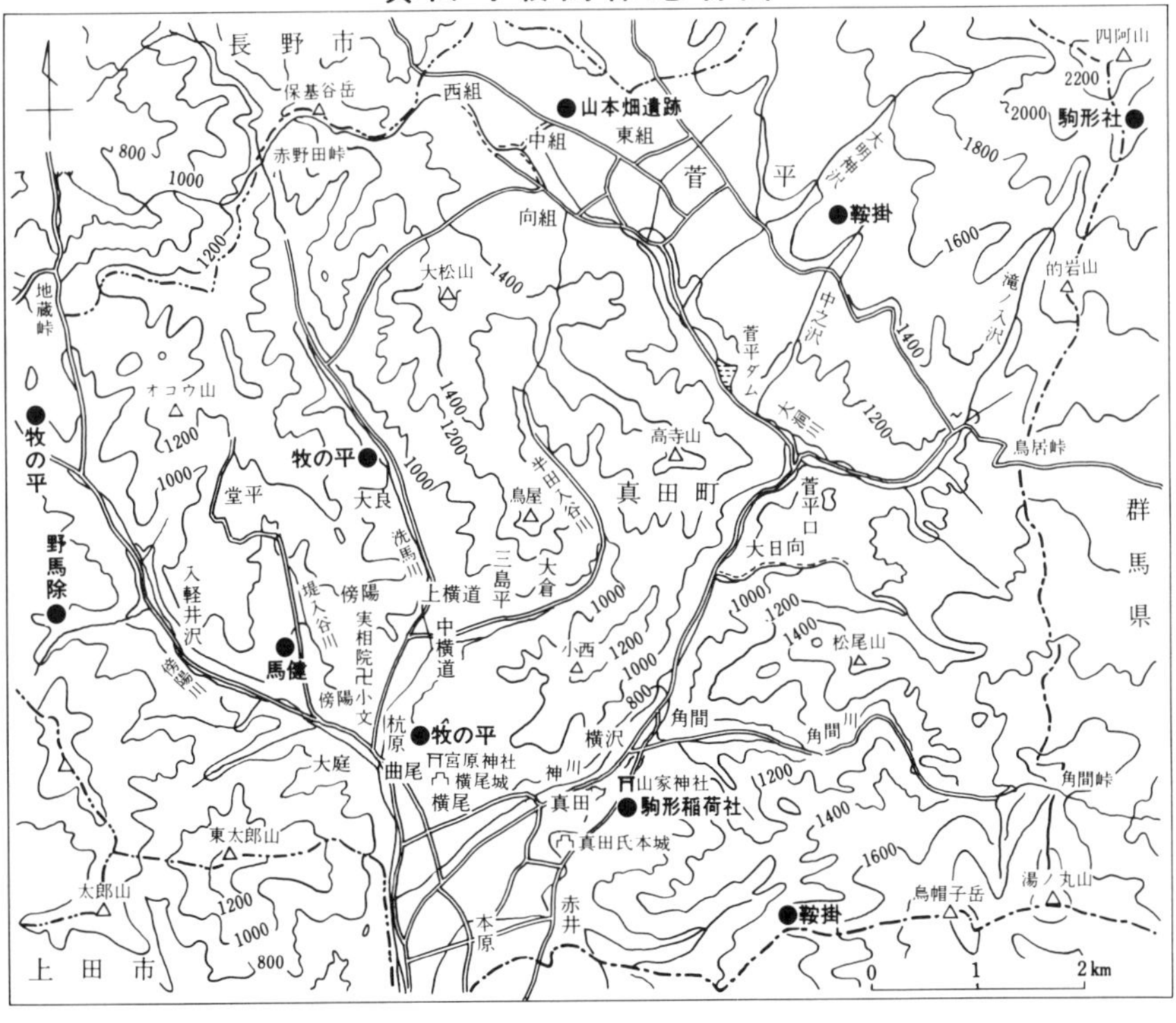

はいなかった。ところが、実地踏査の結果、

① 牧関係地名としての牧ノ平が、実相院の向い側や洗馬川沿い、沼入地籍等に数多く残存していることが判明したこと、

② 牧にはつきものの駒形神社が、山家神社の境内と、四阿山の山腹で鳥居峠から少し登った群馬県側に存在していたことが判明したこと、

③ 昭和五十一年（一九七六）夏、菅平小・中学校の近接地から住居跡が発掘され、そこから須恵器や上質の灰釉の耳皿、さらに平安期のものと思われる中黒の土師器等が出土し、この住居跡が夏季放牧の管理者の滞在したところと想定し得ること、

等から考え、国府直属の国牧は真田の地にあり、牧の中心はおそらく萩・大庭・曲尾付近で、夏の放牧地は菅平から四阿山麓の群馬県吾妻方面までのびていたのではなかろうか。そして、この国牧の経営にあたったのは、おそらく当時現在の上田市から東部町にかけての千曲川右岸に栄え、国府の要人となっていたであろう大伴氏の一族であり、その子孫と推定されるのが真田氏であろう。こうした背景があったからこそ、早期に地蔵峠を越え吾妻に勢力をのばしていた同族海野氏との結びつきもでき、戦国期に吾妻郡から沼田方面に強力な基盤を作り、勢力を伸長させることができたのだという新見解が述べられている。

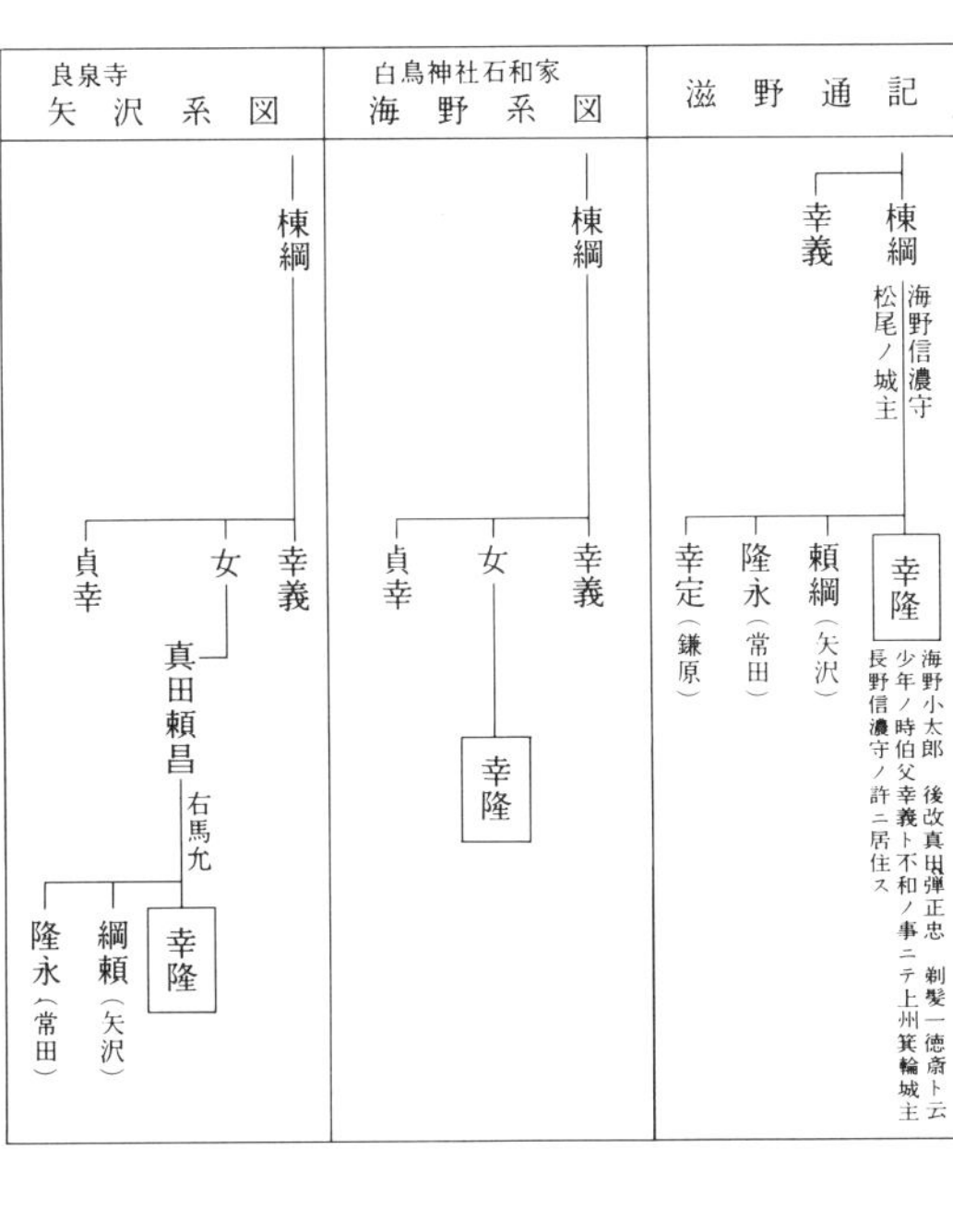

幸隆の系図例

幸隆の系図

真田氏が現在、史上にはっきりしているのは、天文十年（一五四一）の神川合戦である。天文十年武田信虎・村上義清・諏訪頼重の連合軍に攻撃された東信濃の豪族海野一族は多数の敵に攻められて敗北し、大将海野棟綱は上州に走り、嫡子海野左近大夫幸義は神川付近で戦死。真田一族矢沢頼綱・祢津元直などは降参してしまった。真田一族は真田の旧地を退散して隣りの上州へ落ちのびた。この上州へおちた真田一族の中心人物が真田幸隆であるといわれる。

この時、幸隆は二十九歳、長子信綱は五歳、二男昌輝は生れたばかり、三男の昌幸は生まれる六年前頃のことかと考えられる。

幸隆の出生についてはいくつかの説があって、さまざまな系図が残されている。また、弾正忠とか一徳斎の名はいくつかの文書に出てくるが、本名が出てくる資料は

永禄五年（一五六二）銘のある四阿山奥宮社殿扉。

ほとんどない。この幸隆のただ一つの現存史料といわれるのは、山家神社の社宝となっている四阿山奥社の扉の一片で、これにはつぎの通りの文字が朱書されている。「奉修営四阿山御宮殿　大檀那幸隆幷信綱」。ただし幸隆の「隆」の字が「綱」としか読めないという意見があり、幸隆は幸綱と称していたとも言われている。

三　幸隆　武田信玄の旗下で抬頭

豪勇の将・真田幸隆

白鳥神社（東部町本海野）。海野一族の氏神だったといい、真田氏も尊崇した。のちに信之は松代転封の折、白鳥神社を松代へ勧請している。このあたりは海野氏の本拠地だったが、海野平の合戦に破れて追われてしまう。

海野平の合戦

真田氏の基礎を築いたのは幸隆（ゆきたか）である。前述のようにその出生についてはいくつかの説があるが、永正十年（一五一三）生れ、弾正忠（だんじょうのじょう）と称し、一徳斎（いっとくさい）と号したというのが事実に近いらしい。

真田氏が幸隆から始まったものではないことは前述の通りだが、信頼できる史料に見出される真田氏の名前はこの幸隆からである。すなわち、武田晴信（信玄）の側近駒井高白斎の日記『高白斎記』の天文十八年（一五四九）三月の中に「……十四日土用。七百貫文の御朱印、望月源三郎へ下され候。真田渡す。依田新左衛門請取る。」

とあり、武田晴信が佐久の望月源三郎にいち早く配下に入ったことを賞し、所領を宛行（あてが）った時の使者として登場してくるわけである。幸隆が武田晴信に属し、甲府に在府したことは「……元城屋町通の東、真田弾正某、其東甘利備前守……」と屋敷の位置を記した『甲斐国志』によっても判明する。

では、いつ頃、なぜ幸隆は武田晴信の配下に入ったのであろうか。幸隆の名が初めて登場する時から八年前、天文十年（一五四一）五月小県郡に大きな合戦があった。これは、晴信の父信虎が小県郡の海野氏を討つため、諏訪の諏訪頼

海野平合戦関係地名図

重と坂木（坂城町）の村上義清をさそって仕掛けた戦いであり、「海野平（うんのだいら）の合戦」と呼ばれるものである。

そもそも、武田氏の上田・小県地方侵入は天文十年（一五四一）に始まる。即ち最初の佐久攻めの翌年である。

武田信虎（信玄の父）は諏訪頼重、さらに村上義清を誘い連合して海野氏・祢津氏および海野氏の一族である矢沢氏を攻めた。村上氏と海野氏はたがいに領地を接し、すでに応仁の頃戦ったこともあり、長い間敵対関係にあった。村上義清が信虎の勧誘に応じたのは、これを機に海野氏を圧服しようとの企てがあったのであろう。古来からの小県の豪族である海野氏・祢津氏も武田・諏訪・村上の連合軍に対して抗しきれずその軍門に降った。

この時の戦いについて『高白斎記』は「天文十辛丑年、五月小丁亥廿五日、海野平破、村上義清、諏訪頼重両将出陣」と記し、さらに「神使御頭之日記」（諏訪大社の記録）は次のように記している。

この年の五月十三日、頼重、武田信虎へ合力のため海野へ出張す。同じく村上殿三大将同心にて尾山（尾野山）攻め落され候。次の日海野平、同じく祢津を悉く破り候。この時頼重より神長へさいはいを切られ候間、かくの如く御本意満足に候。この陣中に大雨、近年になき高水に候。祢津のことは神家に候の条、この方より召し帰され候。矢沢殿も色々戌言（わびこと）申され候。

旧北国街道海野宿、白鳥神社の前から。この宿場は古い家並がそっくり残っていることで最近有名になってきた。木曾義仲挙兵の地といわれ、この付近は戦略的にも重要なところであった。

海野殿は関東へ越し、上杉殿を頼み申さる。

この記録は祢津氏は諏訪神家の一族であるということで本拠に召し帰され、矢沢氏も辞をひくくしてその命に従い、ようやく滅亡を免がれたことを記しているが、最も打撃を受けたのは海野氏であった。その棟梁（とうりょう）海野棟綱は海野の地を捨てて関東に逃れ、上野の上杉憲政を頼ってその救援をねがった。海野氏の家老深井棟広は高野山蓮華定院にあて次のような書状をおくっている。

（上略）御書中の如く、不慮の儀を以て当国上州へ棟綱罷り除かれ、山内殿様へ本意の儀頼み奉られ候間、急度還住致さるべき由存ずるばかりに候。（下略）

また「神使御頭之日記」には

七月、関東衆（上杉憲政）三千騎ばかりにて佐久（小県）海野へ働き候、（諏訪）頼重七月四日ニ東国之向人数、長窪まで出張候、然る処、比方（諏訪頼重）之様躰能候て関東と和談分ニ候、甲州の人数も村上殿も身をぬかるゝ分ニ候て、此方までのやう□候処、長窪へは関東の人数相働かず、葦田（芦田）郷をちらし候て其儘帰陣候。（下略）

と記す。この内容は上杉憲政は海野氏の失地回復をはかるべく兵を率いて海野に向かったが、この時はすでに武田・村上両軍は徹兵の後であった。そこで長窪まで出陣した頼重としばらく対陣したが、頼重の巧妙な交渉で和談となり、

神川の流れ、国分寺付近で。遠くに雪をいただく四阿山・根子岳が見える。海野平の合戦もこのあたりが激戦地だったと伝えられる。

上杉勢はその軍を進めず佐久芦田郷を攻め荒しただけで関東へ帰国してしまったというのである。このため棟綱の故国還住の望みは消え、ついに海野氏の宗家は没落するのである。

この戦いは神川付近で最も激しかったといわれ、「神川合戦」とも呼ばれる。海野棟綱の嫡子左近大夫幸義も戦死したが、その跡といわれる大夫堂という地名が上田市蒼久保（現オルガン針工場敷地）に残っている。

この海野平合戦の時、真田幸隆も上野に逃れ、箕輪(みのわ)城主長野業正を頼ったと、『真田御事蹟稿』には見える。この書は事件後二百数十年もたった頃編纂されたものであり、これを裏付ける確かな史料は今のところ見あたらない。しかし、『箕輪町誌』をはじめ多くの群馬県側で出版された書物もこの説をとっており、真田幸隆が頼ったといわれる箕輪城主長野業正は関東管領上杉氏の旧臣であり、上杉氏を頼った海野棟綱と真田氏の関係から考えるとあり得ることかも知れない。

いずれにしても、小県郡の名族海野氏の滅亡は、この戦いにも加わり、この期をねらっていた村上氏（あるいは海野平合戦の主謀者であったかも知れない）の勢力を上小一円はもちろん佐久までも伸張させることになり、真田氏にとってもその本拠地を追われる結果となったのである。

長源寺（群馬県安中市）。海野平の合戦に破れた幸隆は、上州へ落ちのび、箕輪城主の長野業正を頼ったという。後に幸隆が本領の真田地方に戻ることが出来た折、箕輪城近くの長源寺の晃運和尚を招いて長谷寺を開いたと伝えられる。幸隆の雌伏時代がしのばれる寺である。

幸隆、武田氏に帰属

一方、海野平合戦直後の天文十年（一五四一）六月には甲斐（山梨県）武田家にも内紛があり、嫡子晴信が父信虎を駿河に追放するという事件があった。家督を継ぎ実権を掌握した晴信（後の信玄）は時に二十一歳の青年武将であった。しかし、時は戦国の世、昨日の友は今日の敵と、一日たりとも安んじられないのがこの期の常で、こうした甲斐武田氏の内紛に目をつけた信濃の小笠原・諏訪の連合軍は、この機とばかりに甲斐に侵入したが、逆に晴信に撃退されてしまった。

これが、翌十一年（一五四二）三月の村上・小笠原・諏訪・木曽連合軍との諏訪瀬沢での戦い、七月の諏訪桑原攻め、十月の村上・小笠原連合軍との小県郡大門峠の戦いに発展する。若将晴信を討とうとした信濃諸将の思わくに反し、結果は晴信の闘志をかきたて、信濃侵攻の契機を与えることになってしまったわけである。ことに晴信は諏訪頼重を桑原城で生捕り、甲府に送って自刃させている。政略結婚とはいえ頼重は自分の義兄にあたる者である。当時の晴信の怒りと闘志、信濃侵攻への決意のすさまじさをみる思いがする。

こうして信濃侵攻の足がかりを作った晴信は、翌十二年（一五四三）には腹心の板垣信方を諏訪上原城に在城させ、前戦基地を固めるとともに、小県郡長窪城に大井貞隆を攻め、これを生捕り甲府に送っている。さらにその鉾先(ほこさき)はゆるむことなく、天文十三年（一五四四）から十四年にかけては、諏訪の残党の存する上伊那と、小笠原の地盤である東筑摩方面に向けられ、十五年（一五四六）から十六年にかけては、内山・志賀・小田井等関東管領上杉憲政の援軍を得て抗戦する佐久方面に向けられた。この天文十六年の六月に晴信は「甲州法度(はっと)」二六ヶ条を制定、甲信両国に公布しており、戦国大名としての確たる基盤と自信が形成されたことを示している。そしてさらに宿敵村上義清を撃つべく翌十七年（一五四八）三月には小県郡上田原に進出した。

上田原の戦い

諏訪・伊那・佐久地方をほぼ平定し終えた晴信は、いよいよ北信地方への進出を企てる。北信経略のためには、まず村上義清を攻略することが先決であった。天文十七年（一五四八）二月、晴信は大門峠から坂木（坂城）に向けて出兵する。

『高白斎記』に「正月小、戊子十八日乙未御具足召始ル、信州本意タルニ於テハ相当ノ地宛行(アテガ)ハル可キノ由御朱印下サレ候」とあり、朱印状をだれに与え

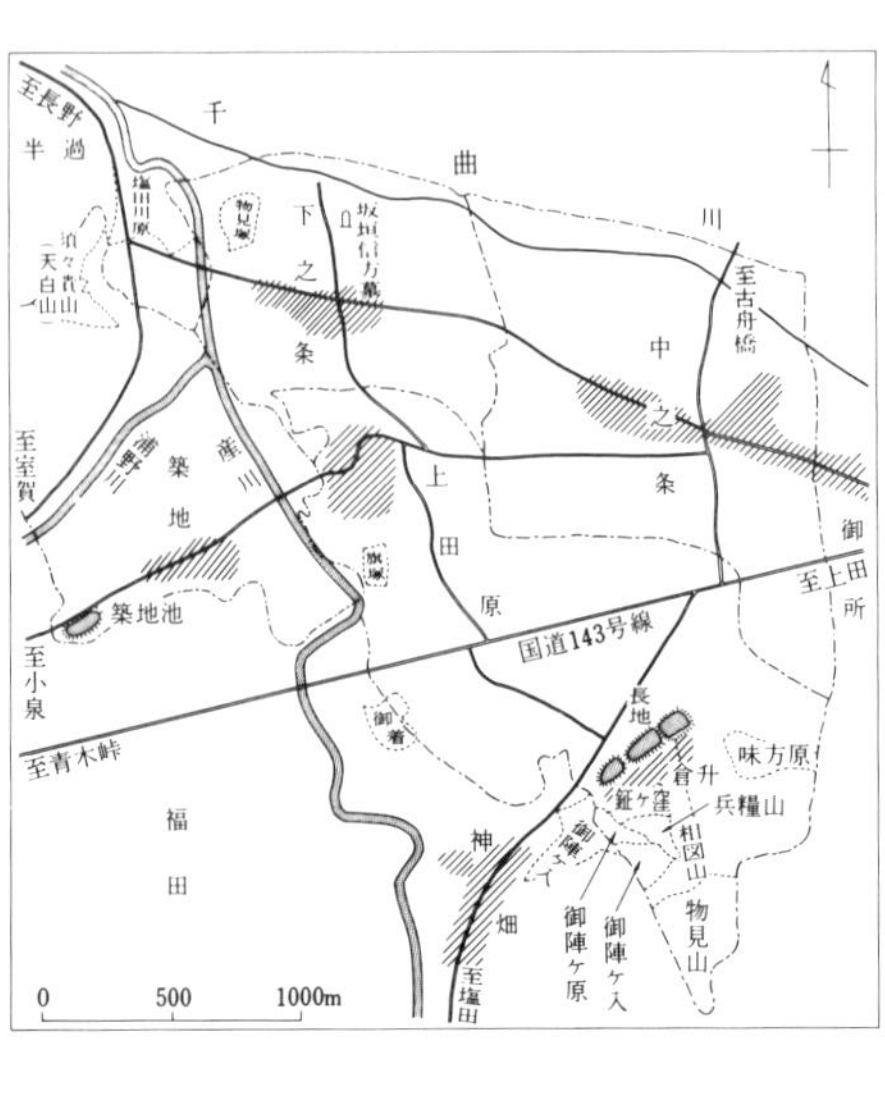

上田原合戦関係地名図

たものかは不明であるが、晴信のこの戦いの勝利への決意の固さがうかがえる。

村上義清は上田原に兵を出してこれを迎え撃った。この時の戦況は『妙法寺記』（甲斐妙法寺に残る戦国期の日記）などを総合すれば次のようである。

上田地方のうち、産川東方の倉升山一帯には、武田方が陣をすえたことを物語る御陣ヶ入・御陣ヶ原・鉦ヶ窪・兵糧山・相図山・物見山・味方原等の小字名を今も残しており、産川下流の西方には村上方が陣をすえたと伝える天白山（須々貴山）がある。

武田方はこの倉升山麓に陣をすえて、板垣信方を先鋒とし、馬場信春を左の備え、真田幸隆を右の備えに当たらせている。村上方は板木（坂城）の居城葛尾城を進発し、千曲川を渡り天白山を背に陣をすえた。合戦は主として、下之条から上田原付近で行われ、浦野川や産川を境として、激戦が展開された。武田方の将板垣信方は、下之条付近に於て、村上方の先鋒を攻撃した。ところが優勢な村上方の大反撃に合い、敗退を余儀なくされるに至った。

この戦いで信方は討死にし、勢に乗じた村上勢は武田の本陣に襲いかかりこれを破った。このため大将晴信は負傷、甘利虎泰・才間河内・初鹿根伝右衛門等の諸将も戦死してしまった。この戦いは、小山田信有の働きがなければ全滅の憂き目をみるほどの武田方の大敗北であった。『妙法寺記』は「一国ノ歎キ限リ無シ」と記しているが、この敗戦が甲斐の人々に与えた衝撃をよく物語っ

板垣信方の墓。千曲川に近い下之条にある。武田信玄の有力な武将だった板垣も、村上勢の猛攻にあえなく戦死。武田軍の敗北を象徴するかのようであった。信玄はこの後、態勢をたてなおしてさらに信濃侵攻を続ける。

ている。

この武田側の敗戦は、それまで守勢に回されていた信濃の諸将に自信を与え、村上・小笠原等はすぐさま攻勢に転じ、結果は佐久内山城の放火、諏訪西方衆（花岡・矢島氏等）の離反となってあらわれた。

これまで述べてきたように、天文十年（一五四一）六月の家督相続以来、武田晴信にとっての敵は、信濃の諏訪氏であり、村上氏であり、小笠原氏であった。中でも村上氏は晴信の信濃侵攻計画の面前に立ち塞がる最大の敵であったことは間違いない。一方、真田幸隆にとっても海野平合戦以来、武田・諏訪・村上は敵であったが、とりわけ村上は海野平合戦で最も利を得て、海野一族が営々として築き上げてきた小県郡の地を侵食、奪取した怨敵であった。しかも、失地回復の頼みとした関東管領上杉憲政が頼りにならない情況下にあっては、本貫地回復を願う真田幸隆の目には、破竹の勢いで信濃に侵攻して村上・小笠原等と対していた武田晴信は、最も頼りとなる存在として映ったに違いない。また晴信にとっても信濃侵攻のためには、信濃の地理と情勢に通じた配下がひとりでもよけい必要だったわけで、このような両者が、互いの思わくは異なるにしても結び付くのは必然的な結果だったといえよう。

ことに幸隆は凡庸の士ではなく、「人を使うのではなく、その人の能力を使うのだ」とする晴信の目にかなったものと見え、「…信濃に真田、上野に小幡、越後より来る大熊、是三人は牢人の大身とて信玄公御取立なり」(『甲陽軍鑑』)として重用されている。真田幸隆が武田晴信の配下に入った時期については、天文十三年(一五四四)(『信陽雑誌』)とも十四年(『沼田記』)とも十五年(『滋野世記』『真武内伝』)とも伝えられているが、裏付けとなる確証が見あたらず断定しかねる。いずれにしても、天文十八年(一五四九)段階で晴信の使者として登場しているところから見て、それより数年前に晴信の翼下に参じ、晴信の佐久・上田原等の戦いに加わっていたものと思われる。

上田原の戦いは広い範囲で激闘が展開された。国道一四三号線沿いにもこうした標柱が立っている。

信玄の敗戦、戸石崩れ

真田幸隆が、武略・政略等に勝れ晴信(信玄)に重用されたであろうことは、武田遺臣の著とされる『甲陽軍鑑』にも窺うことができる。それをそのまま事実とするわけにはいかないが、幸隆が武田の下でその才能をいかんなく発揮したのは事実である。その第一は、なんといっても天文二十年(一五五一)五月の戸石城攻略であった。

戸石(といし)城(砥石城)は上田市の北東部に位置し、伊勢山と金剛寺にはさまれ、東は神川の造った断崖に面する要害堅固な山城である。海野平合戦以後、この城は塩田城とともに村上氏の小県郡における拠点となっていた。それだけに、

戸石城遠景。矢沢城方面から見る。左から米山城・戸田城・本城と続くスケールの大きい山城である。背景は太郎山。信玄は右手方面に陣を置いて攻め立てたという。

旧地回復のためには是非とも攻略しなければならない城であった。

天文十九年（一五五〇）七月晴信は松本平に侵攻し、信濃の強敵の一人小笠原長時を林城に攻め破った。これは上田原敗戦の処理と地盤固めを、諏訪・伊那・佐久方面において約一年がかりで済ませ、充分体制を整えた上での侵攻であり、よほどの猛進撃とみえ、松本平に点在する諸城はほとんど自落している。それから約一ヶ月で松本平のほぼ全域を掌中にし、領国経営の基盤づくりを行った後、晴信は転じて戸石城攻略にとりかかるため、陣を松本から小県郡の長窪に移した。

この時期に同城攻略に向かったのは、ちょうどこの頃村上義清と高井の高梨政頼との間が不和になったのでその機に乗じようとの考えがあったものと思われる。戸石城攻防の状況は『高白斎記』によりかなり詳細に知ることができる。

これによれば晴信は八月十九日長窪に着陣、二十七日に同所を出立するまで軍議を凝らし、その間何名もの部将を戸石城の偵察にさしむけている。先の上田原の敗北が彼をしてこのような慎重な行動をとらせたのであろう。二十八日には屋降地（やこうち）（真田町下原）に陣を張り、翌二十九日晴信が自ら城の視察に出向き、城内に矢を射込ませた。九月一日清野氏が晴信の軍に参加する。晴信は清野氏と共に寺尾氏も味方に引き入れているが、これは地蔵峠から洗馬地方を経

戸石城は神川側は急な崖になっており、攻めるに難い城である。尾根筋は太郎山に通じ、周囲の見はらしがよく、この地方ににらみをきかす要衝であった。

て村上氏に援軍が来るのを防ぐことがねらいであったと思われる。

九日の夕方から総攻撃を開始、攻撃はおよそ二十日にわたって続いたが、戸石城は天然を巧みに利用した城であった。東方は神川にのぞむ崖になっており、西方もまた峻険で、背後の東太郎山に続く部分にはいくつも堀割を作り、構えが大きく堅固であった。その上守兵も固く防戦したのでなかなかこれを攻め落すことができなかった。

いっぽう反目し合っていた村上義清と高梨政頼の和睦が成立し、両者協力して武田方に寝返った寺尾氏を攻めたので、真田幸隆はその救援として寺尾城に向かった。その間攻防はなおも続けられたがついに城は落ちず、かえって戦況は武田方に不利になった。

同月晦日晴信は部将を集めて談合した結果、軍を納めることを決意、十月一日朝帰陣を始めた。これをみた村上勢は反撃に転じ殿軍をはげしく攻め大打撃を与えた。『妙法寺記』は「横田備中守ヲ始トシ、随分衆千人バカリ打死ナサレ候、サレトモ御大将ハヨク引キメサレ候、此アタリテハ小沢武部殿・渡辺雲州打死到シ候、遠クハ国中皆捨候、歎キ言語同断限リ無シ」と記しその敗北を物語っている。なお「甲州衆五千計打死」とも記す当時の記録もある。晴信は危くその夜望月まで逃げのび、翌日大門峠を越えて諏訪にはいり七日甲府に帰った。これがいわゆる「信玄の戸石崩れ」である。連戦連勝ともいうべき信玄

砥石・米山古城図。米山城の頂山に置かれている看板。往時のようすをしのぶことができる。

にとっては、生涯に一度という大敗戦であった。

幸隆、独力で戸石城攻略

ところで戸石城は幸隆の地元であり、当然幸隆の果たさねばならない役割があったはずである。そこで問題になるのは晴信から幸隆に宛てた書状である。内容は「おまえ（幸隆）がここ数年来私に忠誠をつくしてくれることは大変うれしいことだ。だから思いとおりにうまくいったら小県郡の諏訪形三百貫文と横田遺跡上条の地と合わせて千貫文の地をおまえにやるぞ」という宛行状(あてがい)であり、これが天文十九年七月二日、すなわち、晴信が松本平侵攻に出発する前日幸隆宛に出されたわけである。この書状中の「本意の上」というのは戸石城攻略であり、このことから戸石城攻略は晴信の甲府出発前に決定されていたことが判明するわけである。したがって、この時点ではこの宛行状は約束手形にすぎなかった。

しかし、この書状を手に小県郡真田の地に帰郷した幸隆の任務は、おそらく村上内部の切り崩し工作であったと思われる。晴信が戸石際に着陣した三日後の九月一日に、松代に本拠を持つ清野が晴信に出仕してきたこと、また同十九日には須坂方面に本拠を持つ須田新左衛門から晴信に忠誠を誓う誓句が届けら

〔左〕真田幸隆宛武田信玄宛行状。真田家に伝わる最古の文書。（長野市松代真田宝物館蔵）

れていること等はその証左であり（「高白斎記」）、幸隆の工作の成果のあらわれとみることができるようだ。さらに、晴信がいつになくゆっくりした進軍をしたのも、長窪から名だたる部将を二度にわたり戸石偵察に派遣したのも、幸隆の対村上工作の進行状況に利があるか否かを掌握するためであったように思われる。

すなわち、上田原の敗戦により正面から村上に対することの困難さを知った晴信が、地元の地理・情勢に通じた幸隆をして裏面作戦を展開させたものと考えられる。そうでなければ、約束手形にしても現在の上田城周辺の地を千貫文も前もって約束することはなかったはずである。しかし、この期までに幸隆の内部工作は思うようには進行せず、退陣のことが幸隆の帰陣を待って行われたのも、幸隆の持ち帰った情報に利あらずと判断したからであろう。

このように見てくると天文十九年の戸石攻めのお膳立ては幸隆がしたわけであり、結果としてそれが、失敗に終わったことは、幸隆の立場を非常に苦しいものにしたことは間違いない。したがって、その後も幸隆は本拠地真田に留まり、村上の内部切り崩し工作に奔走していた。その成否は、真田氏の命運を決するものであるだけに、おそらく命がけの働きかけがなされたものと思われる。

それがどのような内容のものであったかは不明であるが、ともかく、幸隆の

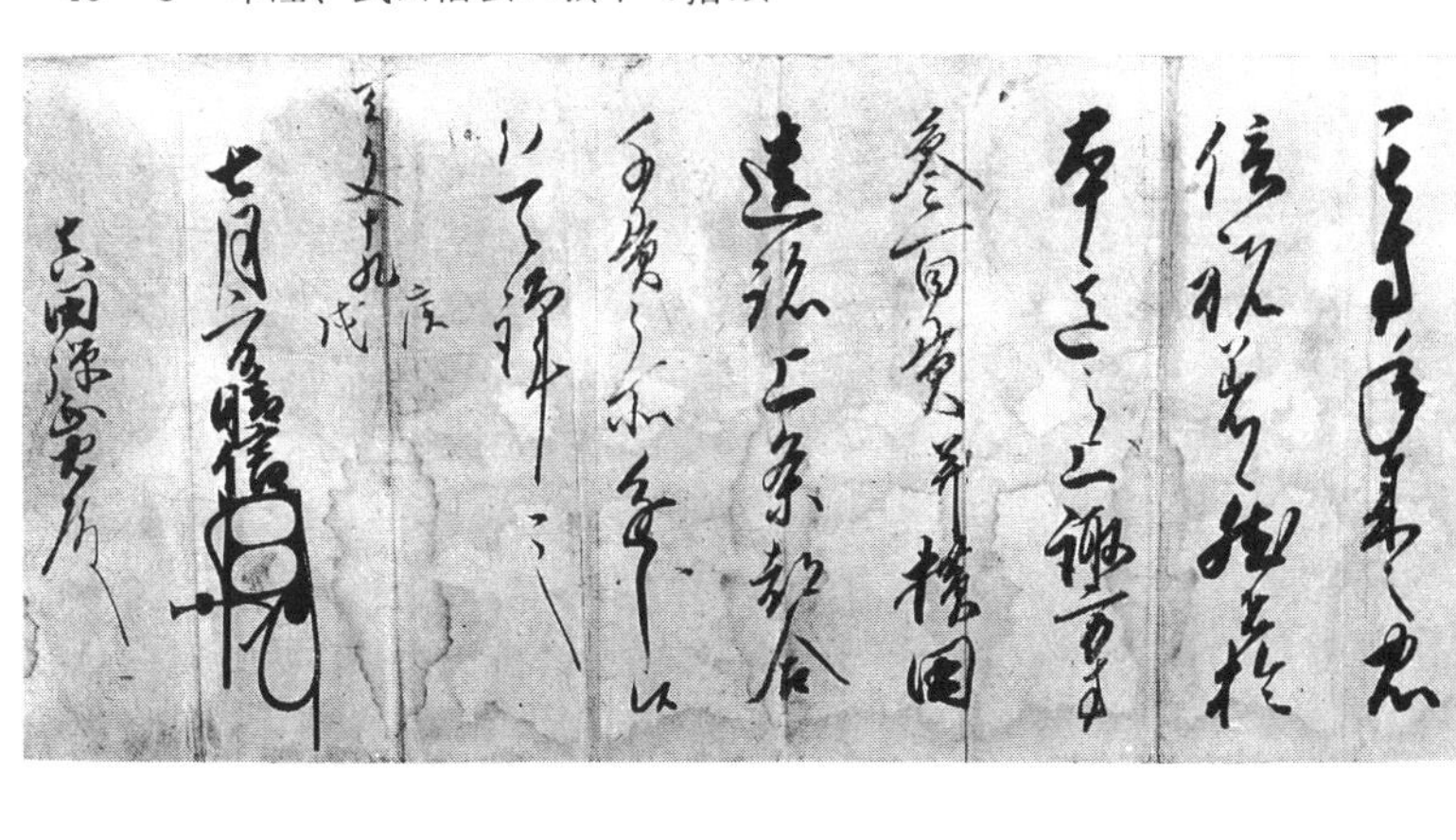

懸命な働きが功を奏し、翌天文二十年（一五五一）五月、ついに戸石城を攻略することができた。これを『高白斎記』は「五月大朔日戊子二十六日節、砥石城真田乗ッ取ル」と至極あっさりと書いているだけである。

しかし、この「乗取」ということばは、真田幸隆の裏面からの切り崩し工作が成功したことを端的に物語っており、武田の大軍をもってしても攻略できなかった戸石城も、幸隆の才覚と懸命な働きの前に一夜にして陥落したわけである。これにより、前年七月二日に甲府で出された幸隆宛の千貫文の宛行状は、当然有効となった。

この戸石城攻略の快挙は、真田幸隆にとって二つの大きな意義を持っていた。その一つは、怨敵村上を破り本拠地真田を実質的に奪還できたのに加え、上田に千貫文の地を保障されたことであり、もう一つは、武田配下としての地位を確立し、以後の伸展に大きく役立つようになったことである。

「武田晴信宛行状」（真田文書）

其方年来之忠信、祝着候、然者於本意之上、諏方（訪）方（形）参百貫并横田遺跡上条、都合千貫文所進之候、恐々謹言

天文十九庚戌

七月二日　　晴信（花押）

真田弾正忠殿

米山城の頂上。戸石城群の中でも地元の人々に最も親しまれており、小学生が遠足に来たりする。

白米城伝説

戸石城の支城ともいうべき米山城（こめやま）には、有名な白米城伝説がある。武田信玄は戸石城を猛烈に攻め、ついに水の手を断った。守る村上義清勢は、白米を馬の背に流して洗うふりをし、遠目には水がいくらでもあるように見せかけた。こうして信玄の猛攻を防ぎながら、義清は城を捨てて越後へ落ちのびていったという。

米山城は戸石城から続く尾根が上田方面に突出した地点にあり、上田盆地が一望できる見晴らしのよいところ。ハイキングコースとしても親しまれている。今も少し地面を掘れば焼き米が出るという。この焼き米は、モミのまま煎った兵糧ではなかったか、ともいわれる。

本拠小県への復帰

幸隆の戸石城攻略により村上義清の拠点の一角は崩されたが、その基盤は、まだまだ強固であった。したがって晴信は、これを直接正面に撃つことは避

戸石城下の陽泰寺。海野氏と非常に関係が深かったといい、今でも洲浜の家紋が使われている。戸石城を本拠とした真田氏は、陽泰寺に続く伊勢山集落を生活の場としたのであろうか。このあたりは古い面影がよく残っている。

け、周辺部を攻略し、次第に網を絞る作戦をとった。

天文二十二年（一五五三）正月、再度佐久・諏訪・伊那等の整備を完了した晴信は、戸石城再興という名目で甲府を出発したが、実は小笠原の残党を攻略するため再び中信に攻め入り、筑摩郡の苅屋原・塔の原を連破し、会田の虚空蔵山まで放火している。

一方、真田幸隆は引き続き村上内部切り崩しに奔走していたものと思われ、こうした幸隆の直接的な働きと晴信の武力示威の動きは、村上内部の諸将に大きな動揺を与え、次第に武田につく者（屋代・塩崎・石川等）が多くなってきていた。天文二十二年四月九日、村上の本城坂木（坂城）の葛尾（かつらお）城は、こうした諸将のため自落させられている。信濃の名族がまた一つその本拠を失ったわけで、変転きわまりない戦国の世の厳しさをみる思いがする。

本拠を追われた村上義清は、高梨政頼とともに越後の長尾景虎（後の上杉謙信）を頼った。これにより、長尾の信濃侵攻の理由ができ、川中島の戦いの基がつくられたわけである。

葛尾城の陥落を知った晴信は、青柳・麻績（いずれも今の東筑摩郡北部）方面に侵攻、さらに更級郡の八幡方面に兵を進めた後、五月十一日に甲府に帰陣している。甲府に帰陣した晴信は、さっそく村上氏最後の拠点で、福沢昌景の守る小県の塩田城攻めを決定、この旨を佐久内山城将の小山田備中守昌辰と飯（お）

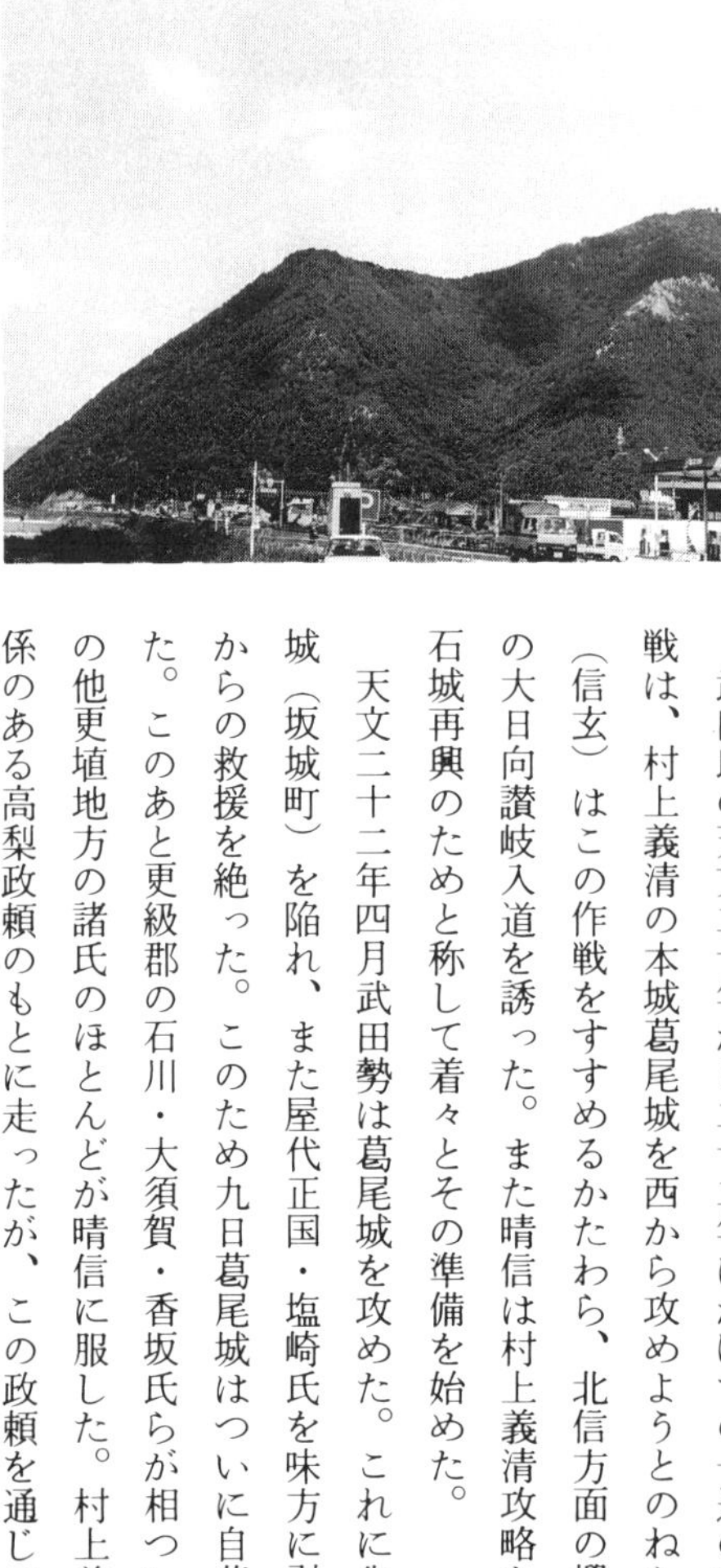

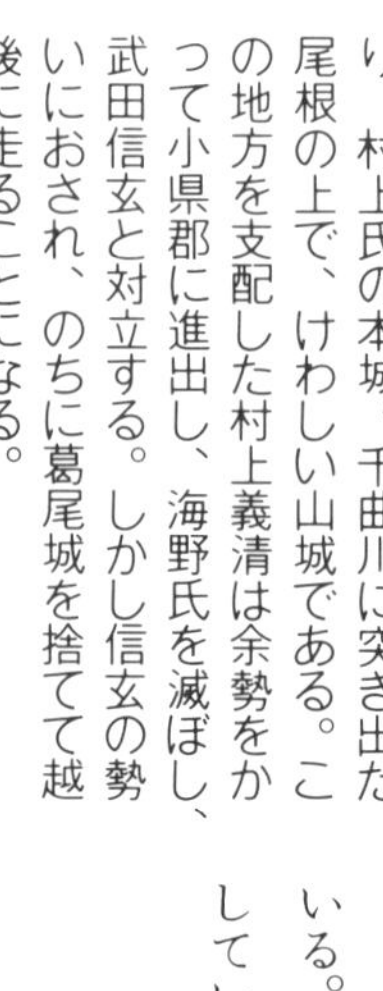

葛尾城。埴科郡坂木（現坂城町）にあり、村上氏の本城。千曲川に突き出た尾根の上で、けわしい山城である。この地方を支配した村上義清は余勢をかって小県郡に進出し、海野氏を滅ぼし、武田信玄と対立する。しかし信玄の勢いにおされ、のちに葛尾城を捨てて越後に走ることになる。

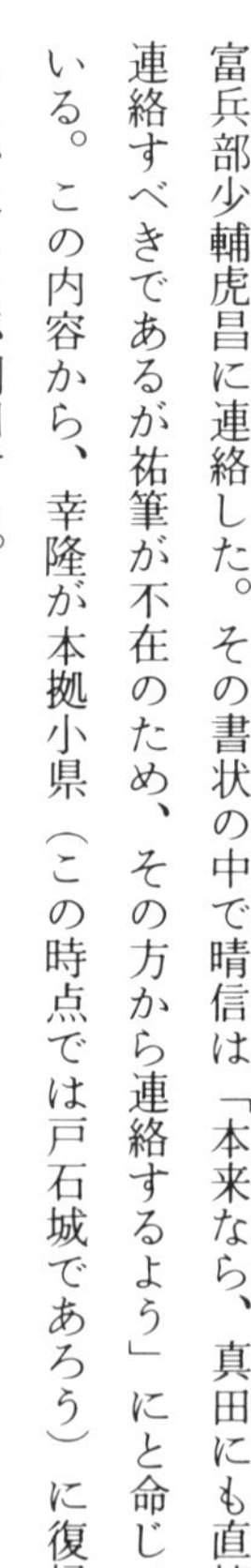

富兵部少輔虎昌に連絡した。その書状の中で晴信は「本来なら、真田にも直接連絡すべきであるが祐筆が不在のため、その方から連絡するよう」にと命じている。この内容から、幸隆が本拠小県（この時点では戸石城であろう）に復帰していたことが判明する。

信玄の塩田城攻め

武田氏の天文二十年から二十二年にかけての一連の安曇・筑摩諸城の攻略作戦は、村上義清の本城葛尾城を西から攻めようとのねらいからであった。晴信（信玄）はこの作戦をすすめるかたわら、北信方面の攪乱を策して水内郡小川の大日向讃岐入道を誘った。また晴信は村上義清攻略を隠密裡に行うべく、戸石城再興のためと称して着々とその準備を始めた。

天文二十二年四月武田勢は葛尾城を攻めた。これに先立って晴信は属城狐落城（坂城町）を陥れ、また屋代正国・塩崎氏を味方に引き入れ葛尾城への背後からの救援を絶った。このため九日葛尾城はついに自落し、村上義清は逃走した。このあと更級郡の石川・大須賀・香坂氏らが相ついで武田方に出仕し、その他更埴地方の諸氏のほとんどが晴信に服した。村上義清はかねてより協力関係のある高梨政頼のもとに走ったが、この政頼を通じて越後の長尾景虎（後の

塩田城跡。上田市前山にある。古くは北条氏（塩田北条氏）が館を構えた地だが、戦国期には村上氏の拠点となっていた。信玄は村上義清を破った後も基地として使った。現在は〝信州の鎌倉〟の一角として散策コースの一つに入っている。

上杉謙信）に救援を求めた。

これに応じた景虎は急ぎ兵を信濃に出し北信勢と共に葛尾城を奪回した。しかし、更埴地方の諸氏の大勢が武田に服属した今、葛尾城は以前のように同地方における村上氏の戦略的拠点としての価値をもつに至らなかった。

同年六月晴信は、名実共に村上氏の最後の拠点である福沢昌景の守る塩田城攻めを決定した。七月二十四日弟信繁を先衆として発たせ翌二十五日甲府を出立し甲斐若神子、佐久海ノ口を経て二十八日内山城に着城。三十日望月城に入り八月一日長窪城で陣を整え、和田城攻略を開始、城主以下を皆討死させ、ついで四日には高鳥屋城（武石村と丸子町の境）・内村城を陥落させ、翌五日には塩田城を攻撃した。

『高白斎記』には「塩田ニ向ツテ御動キ、地ノ城自落ス。本城ニ御旗ヲ立テラル。七日辛巳戌ノ刻、飯富（虎昌）当塩田城主ノ御請申サル、滅日、八日壬午本城ヘ罷リ登ラレ候」と記されている。村上義清は同城から逃走、行方知れずとなった。

『妙法寺記』に「此年信州村上殿八月塩田の要害ヲ引ノケ行ク方知ラズナリ候、一日ノ内ニ要害十六落チ申シ候」と記し「女子供に至るまで生捕りにしたものの数はかぞえきれない」と述べている。この戦いで村上義清は完全に失墜し、東信地方は武田の掌中に帰するのである。戦後塩田城は飯富虎昌が城主と

別所温泉の石湯。〝真田の隠し湯〟あるいは〝幸村の隠し湯〟ともいう。別所温泉は古くから開けた湯で、寺院等に文化財が数多い。近在の人々のほか遠方からも訪れたが、戦国期の武将たちがどの程度利用したのかは、よくわからない。小県地方には〝信玄の隠し湯〟と伝えらるれ温泉も多い。

して守ることになるが、同時に晴信は戦後処理を行い真田幸隆をはじめ、小県郡の諸士すなわち真田・室賀・小泉・浦野・祢津・曲尾・水出等へそれぞれ所領を宛行い、また下之郷上下社の社領等を安堵している。

「武田晴信安堵状」（生島足島神社文書）

（花押）（武田晴信）

下之郷上下社宮社領ならびに今までの礼典・祭祀等に到っては、近年の如く行うように。僧侶・神主おのおのその趣をわきまえ、怠慢致すべからざるものなり。仍って件の如し。（一部意訳）

天文廿二年　八月十四日

供僧

大祝

其の外社人衆

真田幸隆もこの時、秋和の地三五〇貫文を宛行われているが、これは三男昌幸を甲府に人質として在府させる代償としてのものであり、おそらく、幸隆が小県に在住するために行ったものと思われる。昌幸と前後して四男信尹（信昌）も甲府へ入り、昌幸は武藤を、信昌は加津野を賜姓され、晴信の家臣として成長していった。さて、このように秋和の地を宛行われることにより幸隆は、先に宛行われた諏訪形・上条等の地と合わせ、現在の上田城跡の周辺部に

長野市松代の海津城跡。山本勘介の縄張りと伝え、千曲川が石垣下を洗う堅固な城であった。武田信玄の北信濃進出の拠点であり、有名な川中島の戦いもここから出撃したりした。真田地方からは地蔵峠を越えて川中島平に出るところにあり、幸隆らも盛んに出入りしたであろう。

一、三五〇貫の地を給されたことになり、上田進出の基盤はこの期に形成されたと見ることができる。

幸隆の川中島参戦

武田晴信（信玄）の村上攻略と北信濃侵攻は、武田と越後の雄、長尾景虎（上杉謙信）との北信をめぐる対立抗争に発展していった。これが、いわゆる「川中島の戦い」であり、両雄の虚々実々の抗争が、長年月にわたって展開されたわけである。

まず、塩田城が陥落した直後の天文二十二年（一五五三）九月、景虎の兵が埴科郡坂木（坂城）南条に放火、塩田城に留まっていた晴信はすぐ出兵したが、この時は、景虎側が兵を退いたのでことなきに終わった。翌々年の弘治元年（一五五五）七月、長尾は善光寺に、武田は大塚に陣し、四ヶ月にわたり小競合（こぜりあい）をくりかえした。しかし、十月十五日今川義元の仲介で和議が成立し、両軍は撤兵している。この撤兵条件がどのようなものであったか不明であるが、その後も晴信の北信侵攻と経営は着々と進行していった。

すなわち弘治二年（一五五六）晴信は、香坂筑前守・井上左衛門尉・市川信房・西条治部少輔等に水内・高井・更級方面の地を安堵し宛行っている。こうし

川中島古戦場の武田信玄対上杉謙信の一騎打ちの像。甲越両軍の川中島の戦いは何度かあったが、永禄四年（一五六一）のものが最も名高い。両雄の一騎打ちが本当にあったのかどうかは不明だが、痛み分けのような戦況だったようである。この後信玄は北信濃をほぼ判圧する。

た晴信の動きを景虎がみのがすはずはなく、翌弘治三年二月、武田側が長尾の属城、水内郡葛山城を陥落させたのに対し、長尾側はその報復として、五月に埴科郡の香坂城に放火、さらに同郡の岩鼻まで侵攻し、七月には転じて安曇郡小谷に交戦している。

その後、三年程両者の間に直接的な交戦はないが、この期に晴信は、対長尾（上杉）と北信侵攻の拠点として海津城（後の松代城）を構築させており、この築城には、永禄元年（一五五八）四月雨飾城（現長野市松代）の在番を命じられていた真田幸隆も当然加わっていたものと思われる。

一方、長尾景虎は、永禄二年（一五五九）二月京都にのぼり、約半年間滞在し、将軍足利義輝から関東管領になることを許され、同年十月に帰国した。この時、海野・真田・祢津・室賀等小県の諸侍も祝いの太刀を贈っている。この期には、ほとんど形骸化した管領職ではあったが、まだその効力は多少ともあったものと思われる。この間、晴信は信濃から越後境の長尾の勢力を討とうとし、永禄二年五月佐久の松原神社に戦勝を祈願しているが、その祈願文の中にいままでの晴信にかわって「信玄」という名が初めて見える。

永禄四年（一五六一）に入ると長尾景虎は、関東に転戦、三月には小田原城に北条氏康を攻め、ついで鎌倉に入って上杉氏を継ぎ、上杉政虎と改名して関東管領に就任した。先の関東管領上杉憲政は、天文二十二年小田原北条氏に攻め

現在の鳥居峠。長野県真田町と群馬県嬬恋村との境界で、国道一四四号線が越えている。ここは昔、四阿山を揺拝するための大きな鳥居が建っていたことからこの名がついたという。真田地方から吾妻地方へ抜ける最短の峠道であり、真田氏の一統はひんぱんに行き来したのであろう。

破られて以降衰退の一途をたどり、この期にはかつての臣上杉政虎（謙信）の庇護下にあった。

まさに下剋上(げこくじょう)の戦国の世であった。得意の絶頂にあった上杉政虎は、その余勢をかって同年八月には善光寺平に進軍、川中島の中央を横切り海津城を眼下に見おろす妻女山に陣取った。ここに、両雄の対決の中でも最も激烈をきわめた永禄四年九月の川中島戦が始まったわけである。この戦いは戦国期の代表的な戦いとしてあまりにも有名であり、武田側が信玄の弟信繁（典厩）・山本菅助（勘介とも書く）・諸角豊後守等の重臣を失ったのをはじめ、両軍ともに多数の戦死者を出したが、決着をつけるまでには至らなかった。

この激戦には、雨飾城に在番していた真田幸隆も嫡子信綱とともに参戦しているが、『甲陽軍鑑』によれば、幸隆父子は、小山田備中守昌行・飯富兵部少輔昌虎らとともに、上杉の本陣のあった妻女山攻めの一隊に加わり、人質として甲府に出仕していた三男昌幸も、信玄のお小姓として参戦していたという。その真偽は定かではないが、いずれにしても、この期の真田氏は、信玄の北信侵攻と上杉との交戦の最前線に働いていたものと想像される。

岩櫃城跡を中心とした吾妻郡の主要城跡

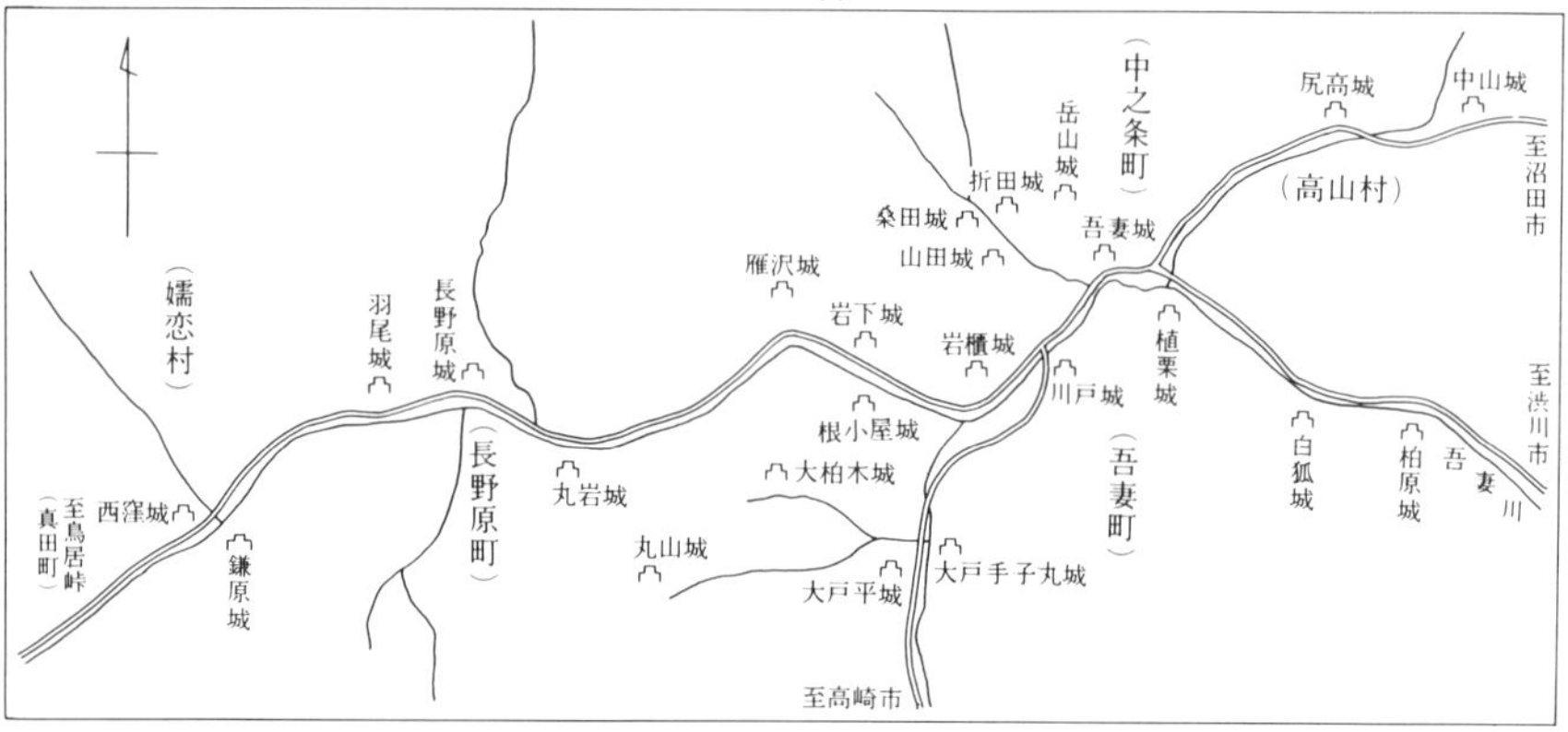

上野吾妻郡への転戦

激戦をきわめた永禄四年九月の川中島合戦の後も、武田の北信侵攻は着々と進行し、信濃を支配しようとする目的を遂げつつあった。こうした期に、信玄はかねてからねらいを定めていた上野（現群馬県）に対する侵攻を開始した。

これより以前、上野には小田原北条氏が侵攻し、天文二十一年関東管領上杉憲政を平井城に攻略、憲政が越後の長尾景虎を頼ってからは、上野をめぐって北条と長尾とが鋭く対立していた。こうした対立に目をつけた信玄はいちはやく北条に手をさしのべ、天文二十三年（一五五四）十二月、娘を北条氏康の嫡子氏政に嫁がせて和を結んでいた。武田の上野侵攻は、この北条を支援するという名目で開始されたわけである。

この期に、真田幸隆もまた北信から転じ、鳥居峠を越えた吾妻（あがつま）郡の地に進出した。吾妻郡の地は、古くからいわゆる滋野一族が栄えていた地であり、同郡三原の庄は鎌倉初期から中期にかけ、鎌倉幕府の至宝とまでいわれた弓の名人海野幸氏の所領であった。幸氏は、信州長倉保（現軽井沢町）を領有していた武田光蓮と境界争いをし、仁治二年（一二四一）三月、鎌倉幕府の裁定を受けている（『吾妻鏡』）。この海野氏の流れをくむ者に鎌原・西窪・赤羽根・今井氏

岩櫃山。非常にけわしい岩山で、城は右手の山の向う側にある。

らがおり、望月氏の流れをくむ者には、湯本・横谷氏が、また祢津氏の庶族浦野氏も大戸氏としてそれぞれ吾妻郡の中西部に土地を開拓し、その地名を名字として勢力を伸ばしていた。したがって、海野氏の流れをくむ真田氏にとっても因縁浅からぬ地であったといえる。

岩櫃城攻略

幸隆の吾妻郡での最初の任務は、吾妻の要害岩櫃(いわびつ)城の攻略にあった。当時岩櫃には、先の関東管領上杉憲政の臣斎藤越前守憲広がおり、憲政衰退後、吾妻郡一円支配をもくろんでいた。憲広は当時海野氏の流れをくむ鎌原氏と羽尾氏が対立抗争しているのに乗じ、羽尾氏を支援し鎌原氏を圧迫していた。窮地に追いこまれた鎌原宮内少輔は、永禄三年（一五六〇）真田幸隆を介して武田信玄に出仕している。これを受けた信玄も、斎藤憲広とあれこれかけあってみたが、うまくいかないということで、永禄五年（一五六二）三月、小県郡海野の内において吾妻同様の地を宛行うから小県郡に移住するよう勧めている。

鎌原が武田に属したことを知った斎藤は、越後の上杉政虎に援を求めたので、鎌原と斎藤の対立は、武田と上杉との対立抗争に発展していった。永禄六年（一五六三）五月信玄は、鎌原宮内少輔に兵糧を送り、鎌原と長野原城の守り

岩櫃城跡。群馬県吾妻町にある。この本丸跡はそれほど広くないが、山全体が要塞となり、ふところが深いので、"三国一の堅城"といわれるほど守りに強かった。交通の要衝でもあり、真田氏の吾妻郡経営、さらには上州経略の拠点として重きをなした。

を固めさせているが、この時は鳥居峠越えに送られたものとみえ、信玄は真田幸隆に、その荷物の通過を許すよう命じている（『加沢記』）。こうした地侍に対する支援が行われた後、真田幸隆を中心とした岩櫃城攻めが開始されたわけである。

岩櫃城攻撃は、二度にわたって行われた。同年九月、信玄の命をうけた真田幸隆は、兵を二手に分け、雁ケ沢と大戸口から攻めた。しかし、岩櫃城は無双の要害の地であり、その上沼田・白井等から上杉の援軍を受けていたので、攻略することはできなかった。

正攻法による武力攻略が難しいと知った幸隆は、戸石攻略と同様な内部切り崩しの裏面作戦にとりかかった。これが功を奏し、羽尾幸全の子海野長門守・能登守兄弟と斎藤憲広の甥斎藤弥三郎が幸隆に内応したため、斎藤側は内部から崩壊、さしもの要害堅固な岩櫃城も十月に陥落し、城主斎藤憲広は嫡子憲宗と共に越後に落ちのび、岩櫃は武田の手中に落ちた。この岩櫃攻略の戦いには、信玄の近臣となっていた武藤喜兵衛（後の真田昌幸。幸隆の三男）も同輩三枝土佐守と共に加わっていたと伝えられる。

岩櫃城攻略に戦功のあった諸将に対する信玄からの感状は、十二月に出されている。『加沢記』によると、吾妻の守将に真田幸隆、岩櫃の城代に三枝土佐守・鎌原宮内少輔・湯本善太夫が命ぜられ、岩櫃城で内応した斎藤弥三郎はじめ植栗・浦野・富沢・神保・唐沢・佐藤・有川・塩谷・川合・一場・蜂須賀・伊与久・割田・加茂・直・鹿野・荒牧・二ノ宮・桑原等の吾妻郡地侍は、真田御預けとなり本領を安堵されたという。

翌永禄七年（一五六四）三月、信玄は奥信濃から帰陣したばかりの清野刑部左衛門尉に「上杉の兵が沼田に出張するという風聞があるので、こちらからは曽根七郎兵衛を派遣した。おまえも帰陣早々ご苦労だが、長野原へ着陣し、一徳斎（幸隆）の指図により岩櫃へ移るよう」命じている。これが、一徳斎という号の初見される書状であるが、同時に幸隆が、武田の吾妻経営の中心人物であったことを裏付けている。

岳山城攻略

永禄八年（一五六五）、信玄は諏訪上社と佐久新海社に祈願文を納め「箕輪城は十日もかからないで撃砕できるよう。また、神感あまりあれば惣社・白井・嶽山・尻高等の諸城も陥せるよう」祈願している（「武田信玄願文」「守矢文書」・「山宮文書」）。

こうした武田の上野侵攻計画の中で、幸隆はひき続き岩櫃において吾妻の経営にあたると同時に、常田新六郎・小草野孫左衛門・海野左馬允等小県郡諸侍

岳山城跡。群馬県中之条町にある。岩櫃城と同じくけわしい山を利した山城。永禄八年（一五六五）幸隆は得意の調略で攻め落とした。

の加勢を得て岳山城（武山・嵩山・嶽山とも書く）の攻略にとりかかっていた。岳山城は、岩櫃の北東約四キロメートル、沼田に通じる道の口元をおさえる要地にあり、斎藤越前守憲広の配下池田佐渡守が、憲広の子虎丸を擁して立て籠っていた。

この城は、全体が岩山で岩櫃に劣らぬ要害堅固な山城であり、背後の沼田には上杉が増援し、越後に落ちのびた憲広の嫡子憲宗も上杉の援軍と共に入ってきていたので、なかなか陥すことはできなかった。

そこで幸隆は、またしても得意の内部切り崩し裏面作戦を用い、守将池田佐渡守の内応に成功することができた。これを喜んだ信玄は、永禄八年十一月十日、池田佐渡守に本領山田郷一〇〇貫文を与え、その出仕を賞している。この池田佐渡守は後に真田氏の重臣として活躍している。こうした池田佐渡守の内応と、川中島合戦で活躍した日向是吉の加勢もあり、岳山城はまもなく陥落し、斎藤兄弟は悲惨な最期をとげた。

永禄六年の岩櫃と共にこの岳山城攻略は、武田の軍事力を背景にした真田幸隆の才覚が充分に発揮された結果であり、武田氏の配下でとはいえ、岩櫃という絶好の拠点を得て、吾妻での名声と実権とを確固不動のものとすると共に、後々真田氏の家臣として働く有力な諸侍を掌握できたという点で、真田氏にとって非常に大きな意義を持つものとなった。

信玄、今川氏と対立

吾妻での幸隆らによる戦果に勢いを得た信玄は、永禄九年（一五六六）八月には、かねてからねらいを定めていた西上野最大の城塞箕輪(みのわ)城を攻略、上杉氏と鋭く対立しながらも着々と上野侵攻の実を挙げていった。こうした状況の中で信玄の目はすでに南の隣国駿河・相模等に向けられていった。

その契機となったのは、永禄三年（一五六〇）今川義元が織田信長のために桶狭間に討死し、その子氏真が継いでいたが、その勢力は目に見えて衰えていったところにある。武田と今川の間には、今川義元に信玄の姉が嫁ぎ、義元の娘が信玄の嫡子義信に嫁ぐといった政略結婚がくりかえされ、同盟関係が成立していたが、この機を戦国大名としての信玄が見のがすわけがない。ここに信玄の駿河侵攻計画がつくられていった。

しかし、この計画は今川から妻を迎えていた嫡子義信との対立をもたらしたらしく、信玄は計画実行のため、まず義信の守り役であった飯富兵部虎昌（かつて塩田城代を務めた）を永禄八年（一五六五）、義信に謀叛を勧めたという理由で処刑、ついで義信をも同年九月頃幽閉、翌々永禄十年、幽閉先で自害させ、その妻も今川家へ送り返している。これは、父信虎を駿河に追放した事件同様、肉親が処断するという、まことに陰惨な事件であった。しかし、これは一時の思いつきや感情で行われたのではなく、そこからもたらされる味方の動揺・離反を未然に防ぎとめるため、周到で冷徹なまでに計算しつくされた事件であった。

いま上田市塩田の生島足島神社には、有名な起請文が八十余通残っている。これはみなこの永禄九年から十年にかけて配下の将士からとり集められた、信玄に忠誠を誓う文書であることもそのことをよく物語っている。ここに権力とその拡大にとりつかれた戦国大名の宿命とはいえ、孤高な独裁者の姿を見る思いがする。

幸隆ら吾妻郡死守

ともかく、この事件は、武田氏にとっては今川との断交ばかりか、今川と親戚であった北条との断交を生み、さらに上杉と今川、上杉と北条の同盟関係に発展し、武田の孤立化をまねいた。これにより、吾妻在陣の真田幸隆らは、北の上杉・南の北条と両面の強敵に対さねばならない立場に追いこまれたわけである。

こうした状況下で信玄は、祢津信直・大井高政・同満安等小県・佐久郡の諸

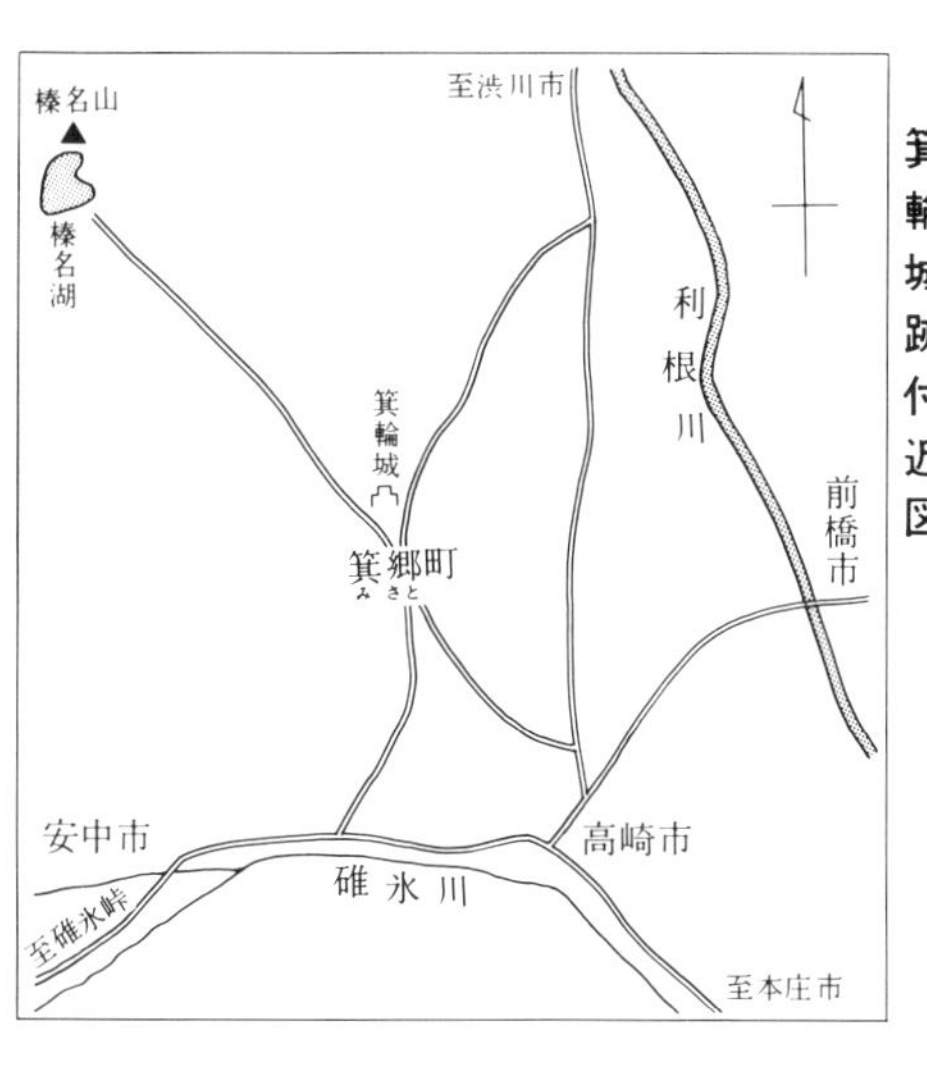

箕輪城跡付近図

侍を、不安となった上野箕輪城に加勢させると共に、自らは信濃を固めるため、永禄十一年（一五六八）二月から九月迄水内郡長沼（現長野市）に在陣、上杉輝虎（政虎）の属城水内郡飯山城を攻め、小諸在番の芦田五郎兵衛尉・丸子善次・武石左馬助等、佐久・小県の諸侍を越後境に派遣、上杉に対する防備を固めていった。そして、同年十二月には一転して、徳川家康と申しあわせ、今川氏真を攻めてた。この時、佐久の依田（芦田）信守・信蕃父子も信玄に属し、駿河薩埵山に奮戦している。

翌永禄十二年（一五六九）に入ると信玄は、駿河を転戦し今川陣を攻めるとともに、碓氷峠越えに西上野から武蔵に入り、さらに相模の北条氏の本拠小田原に放火、三増峠越えに甲府に帰陣しようとしたが、北条氏の追撃に合っている。この三増峠の戦いには、幸隆の三男昌幸も使番として参戦し、戦功を挙げた。

信玄のこのような積極攻勢に耐えかねた今川・北条からは、再三再四越後の上杉輝虎（謙信）に、信濃に出兵し信玄の動きを牽制するよう要請した書状が届けられている。中でも永禄十二年二月、北条氏康の将遠山新四郎康英から、上杉輝虎の将松本景繁等に宛てられた書状では、大戸・岩櫃等、真田幸隆らの守る吾妻の地を攻撃目標に明記して、出兵を要請している。しかし、なぜか上杉輝虎はこれに応じようとはしなかった。一方信玄も上杉輝虎が上野・信濃等

箕輪城跡。群馬県箕郷町にある。細長い台地上の城である。

に出兵することは、以後の動きを封じられることになるので、姻籍関係により盟約していた織田信長に手をまわし、これを阻止しようと企てた。

勢いに乗る信玄は、永禄十二年十二月にも駿河に侵攻、蒲原城を陥落させた。次の書状は、そのことを、岩櫃城にいる真田幸隆と同信綱宛に報じたものである。

「武田信玄書状案」（真田文書）

急度染一筆候、今六日蒲原（駿河）之根小屋放火之処、在城之衆悉出合之条、遂一戦得勝利、為始城主北条新三郎、清水・狩野介不残討取、即時城乗取候、誠前代未聞之仕合ニ候、猶本城江者山県三郎兵衛尉相移、此表一返本意可心易候、恐惶謹言、

十二月六日　　信玄

一徳斎（幸隆）

真田源太左衛門（信綱）殿

今日六日蒲原城を火攻めにし大勝利を得て、城主はじめ多くのものを討取った。これから山県三郎兵衛をこの城におくから左様心得るように、という文意である。

信綱は当時三十五歳、信玄に幸隆と連名で記されたのは初めてであり、この頃から一人前の部将として認められ、吾妻で重要な役割を担っていたことをう

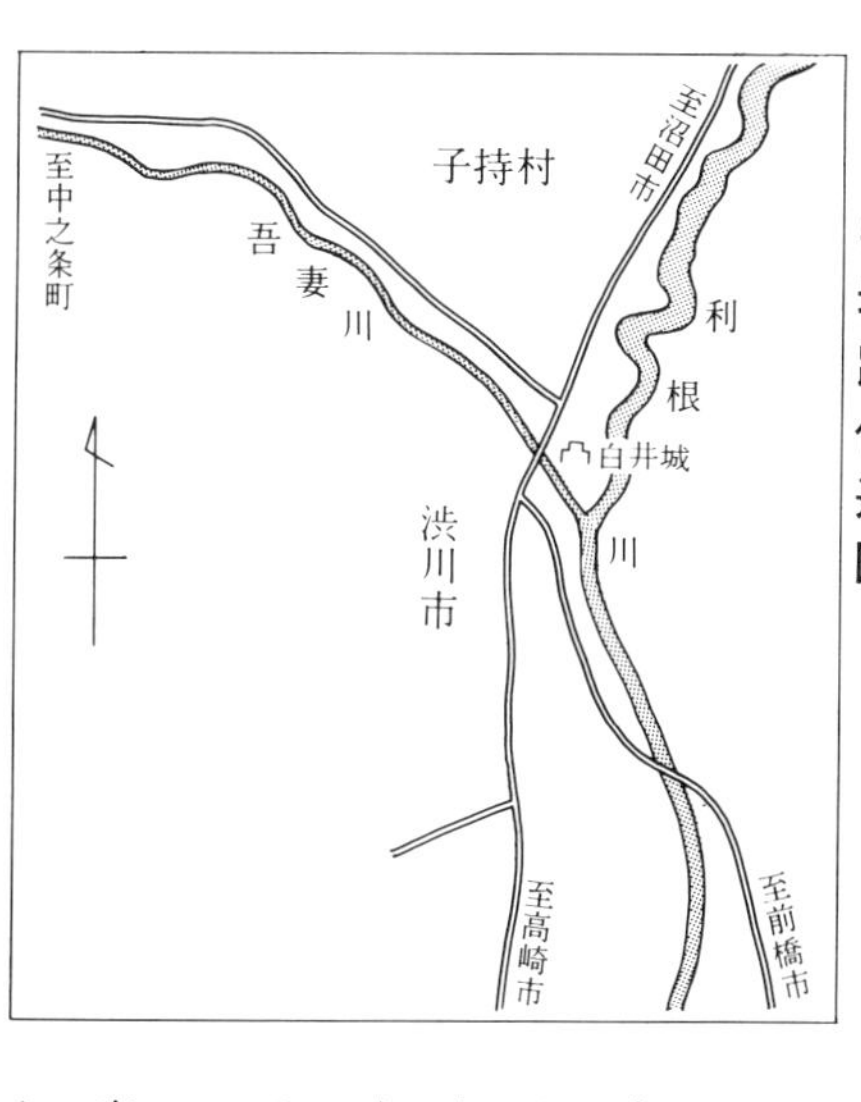

白井城跡付近図

かがわせている。それを裏付けるように、翌元亀元年（一五七〇）四月、信玄は伊豆侵攻のため上杉輝虎（謙信）が沼田でどのような動きをしているかを、飛脚をもって真田信綱のところに聞かせている。

上杉・北条の二大強敵を向こうにまわさなければならなかったこの期、真田幸隆・信綱らは上野吾妻の最前線にあり、防備を主とした緊張の毎日を送っていたわけである。

白井城攻略

その後も北条氏は上杉輝虎（謙信）の信濃出兵を要請し続けたが、輝虎は西上野・信濃への出兵はせず、下野（栃木県）の佐野昌綱を佐野城に攻めていた。こうした上杉の態度を北条の部将達は非難したが、どうしても上杉の援助を必要とした北条氏は、氏康・氏政父子が輝虎のもとに起請文を送り、ようやく盟約関係にこぎつけた。しかし、輝虎は信濃・西上野への出兵の気配を見せただけであった。

こうした時、武田信玄と徳川家康との間に対立が生まれ、元亀元年十月、家康は信玄と断交、上杉輝虎と和を結ぶことになった。これにより信玄には公然と家康の領地へ侵入する条件ができたわけであるが、その効を充分に上げるた

白井城跡。群馬県子持村にある。利根川と吾妻川の合流点に築かれ、交通の要衝をにらむ。幸隆を筆頭とする武田勢は南の箕輪城や西北の岩櫃城をすでに押さえ、この白井城を攻略して、次は北の沼田城が攻撃目標になる―。

めには、西上野での北条との対立関係は重荷になっていた。一方、北条側も当主氏康が、元亀二年（一五七一）十月に病死し、内部動揺がさけられない上、せっかく盟約を結んだ上杉氏がその実効を上げないでいた。このような両者が互いの利のために結びつくのは当然なことで、北条氏は上杉氏と断交、同年十二月再び武田と盟約を結ぶこととなった。戦国大名間の和親断交は、自己の利益を守るためとはいえ、まことにめまぐるしいものがあり、現在の常識では考えられないものがあった。

北条との和が成立すれば、吾妻での真田幸隆等は上杉だけに対すればよいことになり、その任は以前に比して軽くなったことは事実である。この機に乗じ、幸隆は攻勢に転じ、元亀三年（一五七二）三月、かねてから武田側の攻略目標の一つであった上野の白井城を攻撃した。白井城は先の関東管領上杉氏の重臣で輝虎とも縁続きになる長尾憲景が守っていたが、幸隆らは苦もなくこれを攻略してしまった。

この時、信玄から一徳斎幸隆・甘利・金丸等に宛てられた三月六日の書状では「一徳斎の計策で白井城がわずかな日数で落ちたのは大変よろこばしい。この上の仕置などは三日以内に使者を以って申しつける。その間は、箕輪城に在番し、すべて春日弾正と相談するよう。また長尾輝虎（上杉謙信）が帰国したことが確かめられたら翌日にも出馬し、西上野の備について下知する。だから沼田の状況を早く知らせるよう」として、白井城攻略が幸隆得意の策略により陥ちたことを賞している。

さらに二日後に真田幸隆・信綱父子宛に出された書状で信玄は「思わぬ幸運で白井城が落ちたのは本望で大変満足している。この上は早く箕輪城に移り、その普請や知行の配当などとりはからうよう。なお沼田の様子は早々飛脚をもって知らせるよう」(「武田信玄書状」真田文書)と、白井城攻略に伴う戦功者への知行の配分など幸隆父子にまかせており、このことからも幸隆・信綱等が吾妻はじめ上野の対上杉の最前戦において、信玄の全幅の信頼を受け、重要な役割を果たしていたことがわかる。

またこのとき、真田氏にあっては、幸隆は上野吾妻の前線をかためることに主力を置き、小県郡支配の実権は、嫡子信綱に分担されていたものと見え、同年七月、信玄から信綱は、祢津信直・海野衆・室賀大和入道・浦野源一郎・小泉宗三郎等と共に、分国より追放された百姓等が徘徊しているのを召捕るよう命じられている。

信玄、伊那駒場に死す

これより前、永禄十二年(一五六九)一月織田信長は、足利義昭を奉じ上洛し

佐久市岩村田龍雲寺にある信玄の墓。信玄は三河方面から帰国の途次、伊那駒場（下伊那郡阿智村）で死去。墓は各地にある。龍雲寺は信玄にゆかりの深い名刹。

たが、各地の反信長勢力が根強い上、信長の処遇に不満を抱く義昭は、有力諸将に密使・密書を送り信長打倒を画策しはじめた。この密使は、当然のことながら信玄のもとに来たが、信玄はまだその時期にあらずとしてとりあわなかった。しかし、この頃より信玄のねらいは、西上、上洛の方向に傾いていった。

元亀三年（一五七二）十月、甲信の大軍を率いて甲府を出発した信玄は、遠江に侵攻し、山県昌景を三河へ、秋山信友を美濃へ侵攻させるなど、徳川家康と真向から対立しはじめた。さらに勢いに乗って、同年十二月には遠江三方ヶ原に徳川・織田連合軍を破り、家康の居城にまで迫った。そして浜松城の近くで越年した信玄は、天正元年（一五七三）一月北上し、三河の野田城（愛知県南設楽郡）を攻略、ついで長篠城に入っている。

こうした信玄の攻勢に苦しんだ徳川家康は、越後の上杉輝虎（謙信）に書状を送り、信濃に出兵し信玄を牽制するよう要請した。これが功を奏したのか、上杉輝虎は、沼田・厩橋（今の前橋）等の大軍を率い、幸隆等に攻略された白井城を奪還、先主上杉憲景を同城に還住させ、さらに幸隆らの守る吾妻郡を再三にわたり侵している。

一方信玄は、同年三月兵を東美濃に進め、織田信長の兵と戦っていたが、この頃より持病が悪化、病状の回復を待つため一たん引き返し、伊那の駒場（飯田市の南方）に陣したが、回復することなく、ここで逝去した。

真田町長谷寺の幸隆の墓。向って左は幸隆夫人、右は昌幸のもの。長谷寺は真田家の菩提寺だったが、信之が松代に移封されて別に長国寺が建立されたため、こちらは真田関係のものは少ない。英雄父子、ひっそりと眠る、といった風情である。

死去に際し、諸事遺言し、うわごとにも上洛時のことが出たと伝えられているが、父と子を処断してまでも戦国大名の野望を貫き通そうとした稀代の英傑信玄も、ついにその夢を実現することなく戦陣の露と消えた。時に五十三歳であった。

くしくもこの直前一月には、かつての宿敵村上義清も信濃に還住できないまま、越後の根知城で七十三歳の命を閉じている。

幸隆、あとを追うように死去

信玄のなきあと、武田家は四男四郎勝頼が継いだ。頼勝の母はかつて信玄により自刃させられた諏訪頼重の娘であった。勝頼は父信玄のような大器ではなかった。この勝頼に後を託すことに不安を抱いた信玄は、三年の間はその死を秘するよう遺言したと伝えられるが、結局はすぐに漏れ、同月には上杉輝虎（謙信）もこれを知り、家康に書状を送って、信濃・甲斐に出兵するよう要請している。これを諾した家康は、同年七月信長にも出兵を促すべき旨返答している。（この七月信長は宇治槙島城に挙兵した将軍足利義昭を攻め滅ぼし、ここに室町幕府は、名実ともに滅亡した。）

武田に向かい攻勢に転じた徳川家康は、三河に進軍、小県の室賀信俊等の守

蓮花童子院宛信綱安堵状（山家神社蔵）

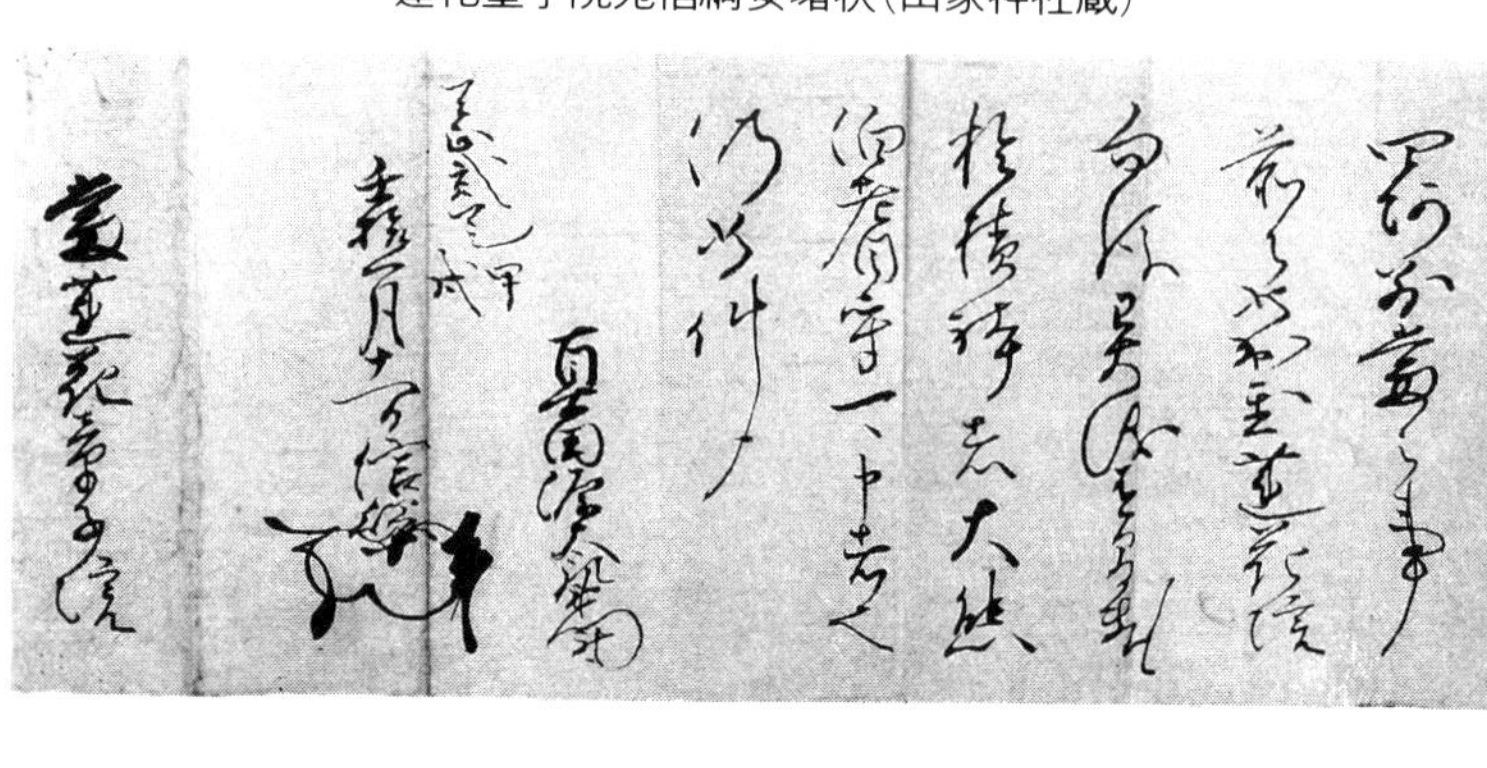

る長篠城を奪還してしまう。そして、これに呼応するかのように、三河作手城の城主奥平貞能・信昌父子は、勝頼に背き家康のもとに走り去った。

このように三河方面の武田側の状況が思わしくないのを見てとっていた勝頼は、父信玄の遺言を無視して、天正二年（一五七四）一月美濃に出兵し岩村城を攻め、さらに遠江に進出していった。一方、越後の上杉輝虎は西上州で武田勢の背後をつくため、家康・信長等に共同戦線をはるよう積極的に働きかけると同時に、自身は沼田から西上野に兵を進めていた。

こうした武田側にとって四囲緊迫する時期に、吾妻郡を守る中心人物真田幸隆の病が悪化の一途をたどっていた。天正二年五月二十八日、遠江高天神城を包囲させていた勝頼は、信綱からの知らせに応じ、幸隆の病状がいくぶんなりとも回復のきざしを見せたことを喜ぶ手紙を送っているが、実はその前、五月十九日に幸隆は逝去していたのである。小県郡の名族真田氏の当主として、戦国の争乱の中で本領小県郡を追われ上野に流浪、甲斐の武田信玄に属してからはめきめき頭角をあらわし、もちまえの才覚を駆使して武田家のために活躍するとともに本領小県郡を奪還、そして真田氏隆盛の礎を築き上げた知将幸隆は、主君信玄のあとを追うように上野吾妻の地に没した。享年六十二歳であった。

「真田信綱安堵状」
四阿別当之事、前々如出置蓮花院、向
後異議有間敷候、於様躰者、大熊伯耆
守可申者也、仍如件、
天正弐天甲戌
壬拾一月十一日　真田源太左衛門尉
信綱（花押）
当蓮花童子院

信綱が相続

幸隆なきあと、真田氏は嫡子真田源太左衛門信綱（のぶつな）が継いだ。時に信綱は三十八歳の働きざかりで、すでに信玄にも一人前の部将として認められており、天正元年（一五七三）十一月には河原又次郎（信綱の母方）に綱家の名乗りを許し、天正二年（一五七四）には四阿山別当職を安堵するなど、真田氏内部の実質的な経営も任されていた。信綱は弟昌輝（まさてる）（兵部）および昌幸（まさゆき）（武藤喜兵衛）とともに武田二十四将の一人に数えられるほどの器である。また弟信尹（のぶただ）（信昌）も信玄に仕えて加津野家を継いでいた。

しかし、時は主家武田家にとって風雲急を告げる時であり、父幸隆の死を悲しむいとまもない。勝頼の命により三河に出陣し、長篠城攻略に向うことになった。この時期は上州吾妻郡も上杉輝虎（謙信）の侵攻にあい、大変な状態にあったが、勝頼の侵攻目的地が三河・遠江方面であったところから働きざかりの信綱が派遣されたものと思われる。結果としては、この出陣が命とりになったわけであるが、この時点では誰ひとり知るよしもなかった。長篠城（三河国―現愛知県）は、信濃から東海道に出る戦略的要衝であり、かつて室賀信俊等が守っていたが、信玄死後の混乱に乗じ家康が攻略、その後は、やはり信玄死

信綱夫妻の墓（向って右が信綱）。信綱寺本堂裏手の小高いところにある。

後武田家を裏切り、家康のもとに走った奥平信昌が守っていた。

このようないきさつから勝頼としては、意地でも奪回したい城であり、前もって真田信綱らに攻めさせるとともに天正三年（一五七五）五月主力をそそいで攻略にかかった。

長篠の戦いで信綱戦死

この戦いは従来の騎馬隊を主力として攻め寄せた勝頼が、信長の組織的な鉄砲隊の前に大敗を喫してしまった有名な戦いである。そして信玄以来の武田家の重臣、馬場信勝・山形昌景・内藤昌豊ら多数の名だたる部将を戦死させ、戦力を大幅に後退させてしまった。

この戦いの戦死者の中には、望月義勝・同重氏・祢津是広等、佐久・小県郡の諸氏の名と並んで、真田家を継いだばかりの、真田源太左衛門信綱・同兵部昌輝等の名も見えている。時に信綱は三十九歳、真田の当主たることわずか一年余で、長篠の露と消えたわけである。父幸隆に常に付き従い、主家武田のために働くとともに真田家隆盛の礎を築き上げ、戦国武将としても立派に成長し名声を博しつつあった時だけに、信綱の死は真田家にとって悔みてもあまりあるものであったに違いない。

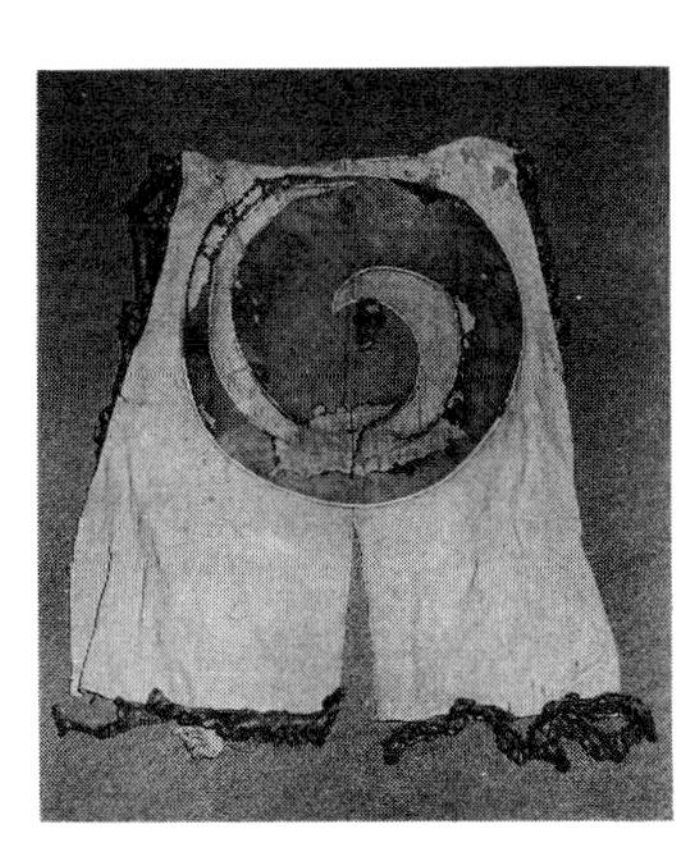

血染の陣羽織（信綱寺蔵）。

血染めの陣羽織

信綱の首級は家臣の白川某兄弟が持ち帰り、内小屋に葬ったという。その場所が今の信綱寺となっている。首級を包んだ信綱着用の陣羽織が信綱寺に残っていて、信綱の勇戦ぶりをしのばせている。また、享保年間に信綱の墓を移したとき、墓の中から発見された鎧も信綱が使用したものと伝えている。

四　昌幸　大勢力のはざまで活躍

知謀の将・真田昌幸

昌幸が着用したと伝えられる具足（上田市立博物館保管）。

昌幸、真田家を継ぐ

信綱、昌輝と二人の兄が長篠で戦死したため、真田家を継いだのは幸隆の三男昌幸（まさゆき）であった。真田昌幸、天文十六年（一五四七）生れ、幼名源五郎。武田信玄の下で武藤喜兵衛を名のっていたが、真田家の当主となり安房守と称した。

昌幸は父幸隆が武田に属した頃に生まれた。兄信綱・昌輝同様、母は河原隆正の妹だったという（『長国寺殿御事蹟稿』）。天文二十二年昌幸が人質として甲府に在府したことは先述した通りであるが、それ以後も引き続き甲斐にあり、幼少時からその才を高く評価されていた。武田家ゆかりの武藤姓を与えられ、常に信玄の側近として重用されていたようである。

成人してからは信玄の旗本となり、使番・検使として吾妻・三増等の戦いに参加、さらに永禄十年勝頼に嫡子信勝が生まれた時、昌幸は「馬場・山県・内藤・土屋等の武田重臣と共に信玄からの祝いの使者をつとめる」（『甲陽軍鑑』）くらいで、着々と信玄側近の将としての地位を築き上げていった。

そして、信玄が没して勝頼の代になっても、真田安房守昌幸として、遠江の奥山大膳亮吉兼に勝頼の命を伝達するなど、昌幸の立場は変わらず、武田側近の部将として活躍してきた。その昌幸が兄たちなき後、真田家を継いだわけで

頼甚宛昌幸安堵状。「四阿別当の儀、信綱より相渡され候如く、自今以後に於て、聊かも相違有るべからず候。……」と、改めて確認保障をしている。
（山家神社蔵）

ある。時に昌幸は二十九歳であった。

昌幸の吾妻郡経営

真田家を継いだ昌幸は、天正三年（一五七五）十月河原隆正（母の兄）に小県郡真田町屋敷年貢を安堵し、また同年十一月には小県郡四阿山（あずまやさん）別当職を頼甚（本名不祥）に安堵するなど、根拠地の真田で父・兄がしてきた仕事を引き継いでいる。しかし、昌幸は本領に落ち着いたわけではなく、引き続き武田側近としての使番等の役をつとめるとともに、かつて父・兄が心血を注いで獲得した吾妻の経営をまかされ、上野経略をも担当した。

これより前、しばらく和親関係にあった武田と北条との関係は再び悪化して断交となり、上野をめぐる攻防は更に厳しさを増していた。それだけに昌幸の上野での任務は、父・兄時代にも増して厳しく重いものがあった。

天正四年（一五七六）一月、勝頼は吾妻郡の拠点岩櫃城城代に海野長門守幸光・同能登守輝幸兄弟を任命した。これは真田幸隆・信綱なきあとの吾妻郡を無事に治めるための一つの策として用いられたものと思われるが、この任命には一つの条件が付いていた。それは、「湯本・鎌原・横谷・西窪・植栗・池田ハ各（格）別ニ候間旗本タル可カラズ」（「武田勝頼朱印状案」古今沼田記）として湯本・鎌原等有力な吾妻の諸侍を海野兄弟の支配からはずしていることであり、「その他の郡中の諸侍はおまえ（海野兄弟）の支配下としてよいから大事にするように」と命じている。このことは何を意味するのであろうか。ここで考えられることは、これら六氏はいずれも小県郡のいわゆる滋野三族の流れをくむ者、あるいは吾妻での戦い以後、真田の配下に入っていた者たちであり、この時点では、いわば真田直轄の家臣として、主家武田家でも公認された存在ではなかったかということである。それが、格別だからという文言で表現されているように思われる。

いずれにしても真田氏には、幸隆・信綱以来の固有な家臣団が吾妻において形成されつつあったわけで、それらを背景に、天正四年三月には上野榛名山に禁制を掲げ、同年九月には北条氏政が上野に侵攻して小那淵城を攻略したことを勝頼に報告し、勝頼から警戒を厳にするよう命じられるなど、昌幸は北上野の対北条・上杉の最前線で武田家臣としての任もゆるむことなく果たしていたわけである。

沼田城攻略

武田信玄と信濃・上野をめぐって覇をきそい、川中島で幾度か合戦をくりひ

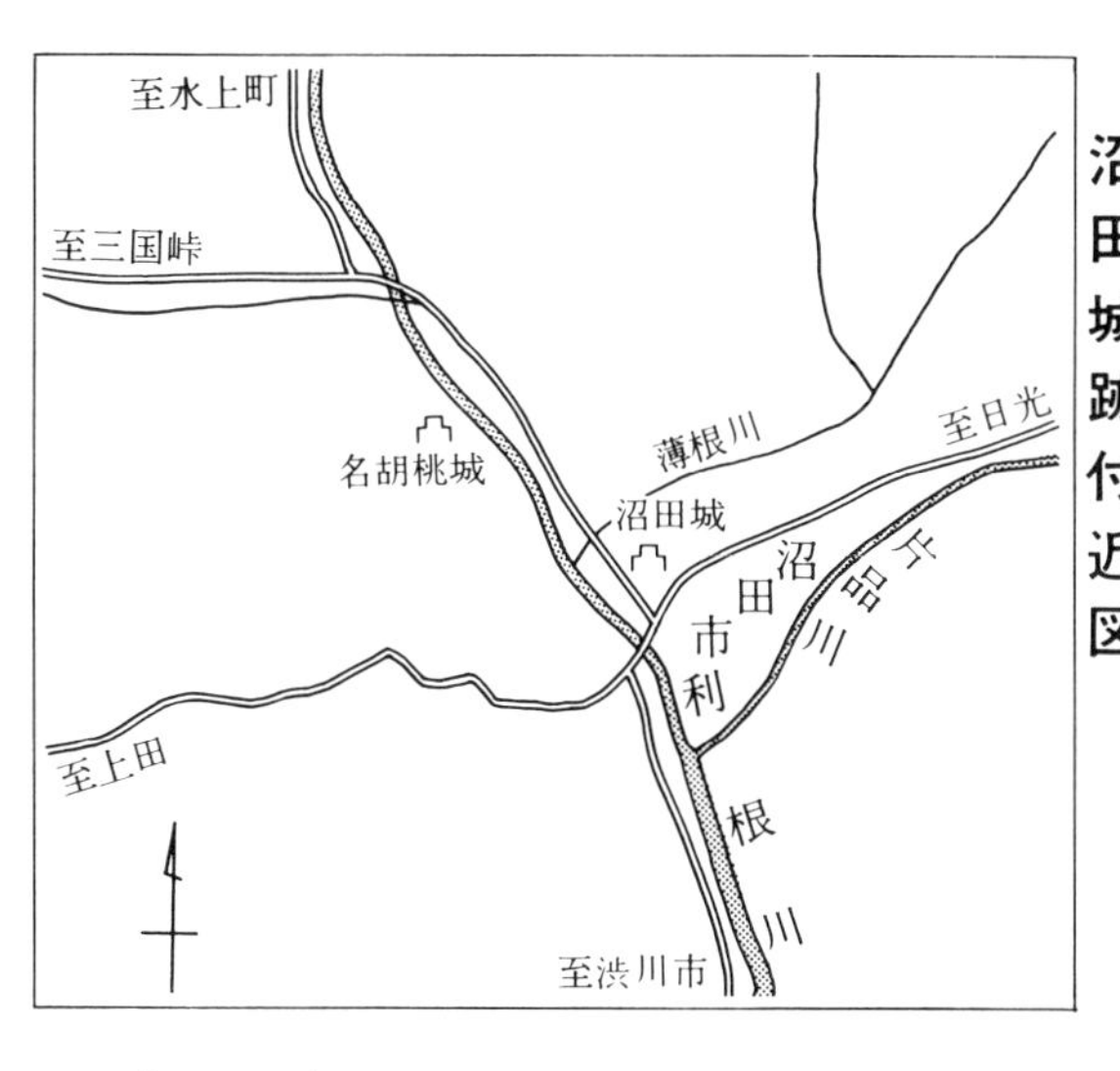

沼田城跡付近図

ろげたり、関東管領にも就任した勇将上杉謙信（上杉輝虎が謙信と改名したのは元亀元年ごろである）が春日城で没したのは、天正六年（一五七八）三月のことである。謙信には実子は無く、二人の養子景勝と景虎がいた。景勝は謙信の姉と長尾政景との間に生まれた子であり、景虎は北条氏康の子であった。謙信の死後、この二人の養子間に相続争いが起こった。

この相続争いは翌天正七年（一五七九）七月、景虎が自殺し、景勝が上杉を相続することにより終わりを告げた。その直後、武田勝頼は景勝に起請文を送り、上杉との盟約を結んでいる。これにより、上野経略を担当していた昌幸は、上杉に対する警備を解き、北条のみに対すればよいことになった。

一方北条氏は、謙信の死去にともなう上杉内部の混乱に乗じて西上野方面に侵攻、利根郡の大部分を手中にすると同時に沼田城を乗っ取ってしまった。この沼田は、越後から三国峠越えに関東に出る出口にあたり、西は中山峠越えに吾妻郡に通じる交通上の要衝地であるとともに、上杉氏が上野経営の拠点にしていた城であった。武田側にとっても、信玄時代からねらいを定めていた城であったが、北条に先を越されてしまったわけである。

したがって上杉との和が成ったこの期に武田が手をこまねいているはずはなく、天正七年九月勝頼は自ら出馬することを決めたが、駿河の状況が急を告げていたところから、沼田攻略は真田昌幸に任された。これを受けた昌幸は、配

沼田城跡遠景。手前は利根川。城は台地の先端にあり、市街地に続く。

下の武将矢沢頼綱（昌幸の叔父にあたる小県郡矢沢の城主）をして正面から沼田を攻めさせると同時に、沼田と利根川を隔てた対岸にあたる名胡桃（なぐるみ）城の鈴木主水と、小川城の小川可遊斎を味方に引き入れることに成功している。

天正八年（一五八〇）三月、矢沢頼綱から昌幸のもとに沼田攻めで大勝利を得たとの報告があった。この報告を昌幸から受けた武田勝頼は大へん喜んで、その戦功を賞するとともに、昌幸を三日以内に返すからさらに備を固めるよう頼綱に命じている。この書状の内容から、この時点迄の沼田攻めは矢沢頼綱にまかされ、昌幸は側近として勝頼のもとにあったことが判明する。ともかく、これにより沼田攻めはさらに進展、四月には沼田城将の金子美濃守・渡辺左近允等が投降、五月には残る城将藤田能登守信吉も降伏し、ここに沼田城は真田昌幸とその一族矢沢頼綱の力によりにより全く陥落したわけである。

正面から攻めると同時に、その周辺部を攻略、さらにその内部の切り崩しをはかりつつ目的の城を攻略していく方法は、父幸隆の得意とした戦術であったが、その子昌幸も同様な謀をもって沼田攻略に成功したのである。例によって、内応し沼田城をあけ渡した藤田能登守に対しては、同年十二月にも追加恩賞が行われ、沼田近辺で武田の料所となった以外の地で「千貫文并ビニ利根南雲利根川東、沼田悉ク出置候」（『長国寺殿御事蹟稿』）として過大とも思われる所領が宛行（あてが）われた。また、昌幸からは、沼田攻略の報告を勝頼に伝えた真下

沼田城跡に残る古い石垣。石垣の上の桜の古樹（御殿桜と呼ぶ）とともに、築城当時、あるいは真田治政の頃のものという。城跡は今は沼田公園として市民の憩いの場となっている。ここからは西および北上州の山々がよく見渡せる。

但馬にも、信濃河北の内反町五〇貫文が下されている。

しかも、これらを含め、この期の沼田吾妻方面の諸侍に対する武田からの宛行い等の伝達役は、すべて昌幸が行っており、これらの宛行いの内容には、当然昌幸の考えが加味されていたものと思われる。また、同年十二月には上野川田村の金蔵院別当に、昌幸の嫡子信幸が同社の検地出目分を寄進しているが、これは本来ならば武田勝頼の名においてなされるべきものであったろう。

こうしたことから、この期に、真田昌幸の吾妻から沼田にかけての独自な実権と基盤形成が着々と進行していたようすをうかがうことができる。

海野長門・能登兄弟討伐

天正九年（一五八一）に入り、勝頼は甲斐韮崎に新城を築くため、諸将の領国中より一〇軒に一人の割で人夫を出すよう、また食糧は諸将の負担とする旨の命を出している。この新城が、釜無川の断崖地に望む新府城である。この新府城は「武田滅却の基とハ後にそしられたり」（『甲陽軍鑑』）とされているが、「人は城、人は石垣、人は堀、情は味方、仇は敵なり」として甲斐に君臨、堅固な城を築かなかった信玄時代を考えると、武田衰運の状況がここにも端的に見られるように思われる。真田昌幸もこの時城の普請奉行の一人となり、甲府に赴いている。

しかし、同年二月に入り、沼田の旧領主であった沼田平八郎景義が、恩顧の沼田地侍の支援を得て沼田奪還のため進撃してきたとの報が入り、昌幸は急拠岩櫃に帰陣している。そして、沼田平八郎の伯父にあたる金子美濃守に、勝頼の命として、おまえの計策で平八郎を討ちとれば、利根川の川西において一、〇〇〇貫文を与えるという約状を渡している。これを受けた金子美濃守は、さっそく平八郎のもとに行き、甘言をもって平八郎を沼田城外町田の観音堂におびき寄せ謀殺してしまった（『加沢記』）。金子美濃守が「元来大欲無道ノ者ナレバ」（『古今沼田記』）としても、まったく油断ならぬのが戦国の常であり、それをまたうまく利用するのも戦国武将の常套手段であった。

この期の武田氏家臣としての真田昌幸の任務は、上野・武蔵から北条氏の勢力を駆逐することにあった。もちろん、勝頼のための新府城構築采配も重要な任務であったので、この期に昌幸は何回となく上野と甲斐とを往復している。

真田昌幸がこのような任務を遂行するためには、自陣ががっちりとかたまっていることが第一であるが、甲府に在陣中の昌幸のもとに、同年十一月上野の鎌原・湯本等の腹心から、海野長門守・同能登守兄弟に逆心の企が明確に見られるようになってきたとの報が届いた。昌幸はさっそく、叔父であり海野能登守の子を養子としている矢沢頼綱に相談した。それに対して頼綱は「海野兄弟

平八石。沼田公園の一角に、白い柵に囲まれてひっそりと立つ。

は猛勇の兵であるから、南方（北条）へ味方するかもしれない。不道不義の族は早く誅罰するのがよい」と注進してきたので、昌幸は弟の加津野信昌を総大将として、田口・河原・出浦等を検使に付け、吾妻在陣諸侍をして、岩櫃の長門守幸光、沼田の能登守輝幸を討伐させた。

平八石の由来

沼田城（公園）に残る伝説の石。沼田平八郎景義の首級を載せたという。

平八郎は沼田城を築いた沼田氏十二代顕泰の側室の子で、摩利支天の再来とまでいわれた勇将。顕泰が城を嫡子朝憲にゆずったとき、平八郎は顕泰とともに天神城へ移った。その後側室たちにそそのかされて顕泰と共謀し、朝憲を謀殺する。そして怒った沼田勢に追われて会津へ逃げていた。

真田昌幸が沼田城を攻略したことを知った平八郎が、奪回のために攻め寄せて謀殺されたのは前述の通りである。昌幸はこの石の上に平八郎の首級をのせて実検したと伝えられる。沼田氏が亡びたいきさつから、そのたたりを恐れて城内にまつって伝えたものであろうか。

海野兄弟は、勇猛果敢な武将であり、戦場での働きはめざましかったもようで、攻防激しい吾妻においては、真田氏にとって強力な戦力であったに違いない。それ故に、吾妻郡代・岩櫃城代、さらに沼田城代（能登守）に任じられたわけであるが、それが高齢で「奢り強キ者」「高慢甚シキ者」（『古今沼田記』）となり、さらに海野兄弟を同格者と見る吾妻の鎌原・湯本・横谷・西窪等諸侍の反感をかい、昌幸から討伐される結果となったのである。一方、真田昌幸からすると、そうした者の存在は、吾妻郡地方での実権と基盤を伸展させていく上では、むしろ有害無用の存在となっていたに違いない。こうした面から、海野兄弟討伐は、真田氏にとって大きな意味を持っていた。

武田家の滅亡

天正十年（一五八二）一月、信玄以来武田氏に従属していた木曽郡の木曽義昌が、武田に叛き織田信長に通じたので、これを討つため、勝頼は同年二月二日諏訪上原城に陣を進めた。これを知った義昌は、織田信長の来援を要請した。

これに対し信長は、織田信忠・森長可等を先陣として木曽・美濃岩村両口より信濃に侵攻させ、まず伊那郡滝ヶ沢の要害を守る勝頼の将下条信氏を駆逐し、ついで松尾城（飯田市）の小笠原信嶺を降し、さらに勢いにのり伊那谷を

織田信長禁制。「甲乙人等乱妨狼籍の事・還住の百姓已下に対し煩いを成すの事」等を禁じ、違犯の輩は速かに厳科に処す、としている。（上田市・滝沢氏蔵）

北上していった。こうした信長軍の猛進撃を目前にし、勝頼に叛く者が続出してきたが、中でも勝頼の従兄にあたる穴山信君（梅雪）が家康に服属したことは大きな衝撃であり、これを聞いた勝頼は陣を諏訪から甲斐新府城に返している。

一方、破竹の勢いで伊那谷を北上していた信忠の軍は、高遠攻めでしばらくてこずったが、三月二日これを陥落させ、城将で勝頼の弟にあたる仁科五郎盛信も討死させた。ここでさらに勢いを得た信忠の軍は、三月三日には諏訪に入って上社を焼き、高島城を攻めとった上、三月七日には甲府に進軍している。

こうした織田軍の怒濤の追撃の前に、勝頼父子はなすすべもなく三月十一日甲斐田野に自刃し、ここに名門武田家は滅亡した。この武田家滅亡の直後であろうか、信長は信州各地に禁制を発布したらしく、現在、県下各地に天正十年三月　日の日付をもつ同種の文書が残されている。その地域的な内訳は、安曇郡二通・伊那郡三通・諏訪郡六通・筑摩郡一通・小県郡一通（南方村は現丸子町塩川南方）となっている。

昌幸、勝頼を岩櫃城へ誘う

またこの武田家滅亡間の事として、多少の差異はあるが概略次のような

岩櫃城本丸跡。けわしい山中でありながら比較的広いので、多数の軍勢が籠城しても持ちこたえることができる、といわれた。守りが困いのを頼みにして、この後も昌幸は岩櫃城を本拠とし、東奔西走の活躍を続ける。

記事が『加沢記』『真武内伝』『滋野世記』『古今沼田記』等に見られる。すなわち、

「勝頼が進退に窮していた時、真田昌幸が進み出て『どうぞ私の領知している吾妻郡岩櫃城においでください。近くの上野箕輪城には内藤修理亮がいますし、信州の小諸には武田信豊が入っております。したがって行く時の便もよいし、岩櫃は要害堅固な城の上、食糧も充分貯えてありますので三千ぐらいの兵でしたら三年や四年は充分賄えます。だから、ひとまず岩櫃に入って様子を見、再興をおはかり下さい』と申し上げた。これには勝頼はじめ諸将も賛成したので、昌幸は篭城準備のため早々に岩櫃に向かって出発した。ところが、その後長坂長閑・跡部大炊等武田の重臣が『なるほど真田は謀にすぐれた武将でありますが、武田家に仕えたのはまだ三代ばかり前からのことで信用できません。ここは譜代の小山田信茂を頼り、岩殿城へ篭られるのがよいと思います』と進言したので、勝頼はこれに従い岩殿めざして陣を進めたが、頼りとした小山田をはじめ、長坂・跡部等腹心の反逆にあい、途中の田野に自刃して果てた。」

と。信玄以来、戦国大名としての武威と名声をとどろかせた武田家だけに、その末期は憐れである。

北条・織田への臣属打診

武田氏滅亡を知った真田昌幸は「涙ヲ流シ給ヒ、カクアルベシトモ知ラズ御最後ヲ見果ヌコソロ惜ケレ、吾御身近有シナバイカデカ（小山田）左衛門等ガ謀計ニ落シ奉ランヤ」（『古今沼田記』）と嘆いたという。

しかし、勝頼が田野に自刃した翌日、武蔵の鉢形城主北条氏邦から、真田昌幸のもとに一通の書状が届けられていた。それには「八崎の長尾入道への二度にわたっての書状を見た。紙上の趣はまことにもっともである。この度の武田家の滅亡はしかたのないことであるから、北条家へ来るなら今が一番良い時である。」とあり、この内容から昌幸が、武田滅亡以前に当面の敵であった北条氏に臣属したい旨を二度にわたり伝達していたことが判明するわけである。おそらく、情勢把握に敏な昌幸のこと、武田氏の命運もこれ迄と察知し、次の同盟先として北条氏を選び打診していたものであろう。

一方、同年二月十三日飯田で勝頼の首実検をし、それを飯田川原に梟首した織田信長は、ゆっくり伊那谷を北上、十九日に諏訪に到着、翌二十日先に着いていた徳川家康と会見している。旧武田領の分割配分が話し合われたのであろう。この諏訪においての会見後信長は、腹心滝川一益に上野・佐久・小県郡を、河尻秀隆に諏訪郡を、森長可に高井・水内・更級・埴科郡を、木曽義昌に木曽郡の他に安曇・筑摩の二郡を加増する等、旧武田領の分割宛行いを行っている。

こうした強力な織田信長の動きを昌幸が見のがすわけがなく、さっそく四月三日には信長に黒葦毛の馬を贈り、誼みを通じている。これまで武田氏の傘下で伸展してきた真田氏にとって、武田滅亡は傘なしで雨中にさまよい出たのと同じであり、いまだ自立するだけの力の備わらない真田氏にとっては、すぐにでもその時点において最も有効な傘をさがすことが、自家存続のための急務であった。そうした意味において、昌幸のこのような身の処し方がなかったならば、激しい戦国の世を生き抜くことはできなかったであろう。

北条氏に臣属

ところが、武田氏を滅ぼし天下統一に向け破竹の勢いにあった織田信長が、その臣明智光秀の予期せぬ謀反にあい、同年六月二日本能寺に憤死、長男信忠も二条城に敗死してしまった。この時、信長の腹心羽柴秀吉は備中（岡山県）の高松城に毛利輝元を攻撃中であったが、本能寺の変報を知り、急拠兵を返し六月十三日京都の山崎に光秀の軍を打ち破り、ついで信長の跡を継いだ。

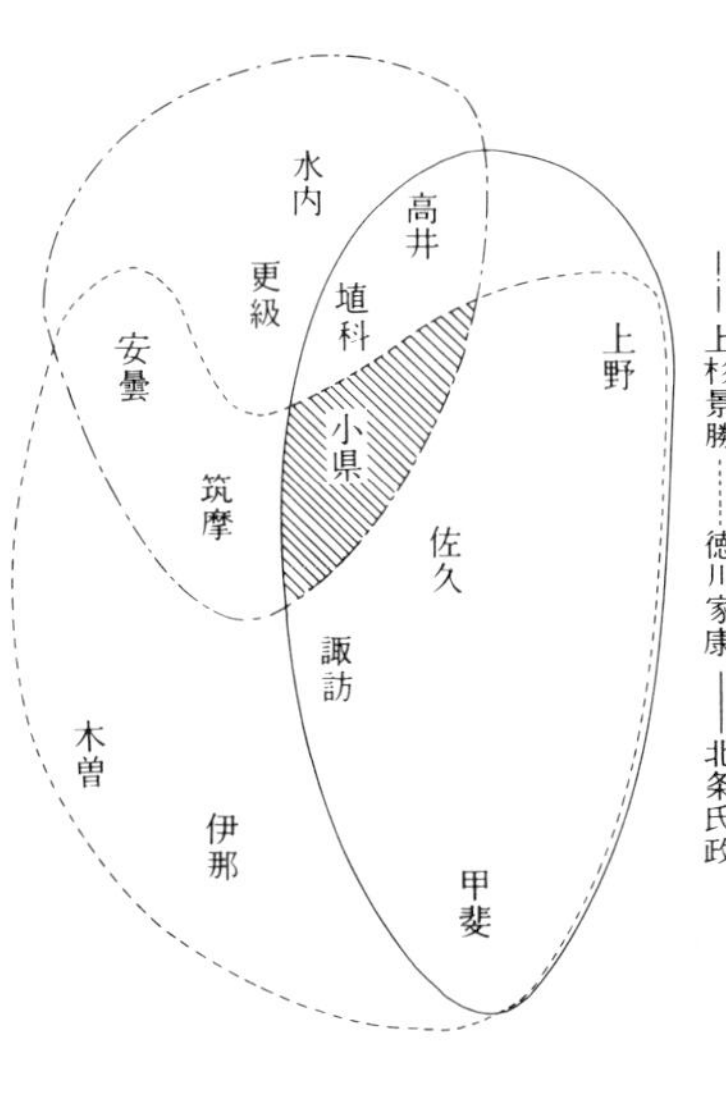

徳川・北条・上杉による安堵・宛行地範囲概念図

この、信長の死により先に信長によって分割された旧武田領の宛行いはご破算となり、信濃・上野・甲斐等は、徳川・北条・上杉等有力諸大名の争奪競合の場と化していった。特に信長の死直後の六月から九月にかけての状況はすざまじく、信濃の諸侍に対する領地の安堵・宛行い(あてが)は、信濃全域はもちろん上野から甲斐にかけてめまぐるしく展開された。

もちろん、これらの中には、自力の誇示と伸張とをねらった不渡り手形的なものが多かったわけである。例えば、同年七月、上杉景勝が信濃での拠点としていた北信地方の諸侍四人に小県郡塩田の地を宛行ったのに対し、真田氏を配下に入れ、小県郡は自分のものだと考えていた北条氏直は、七月十二日小県郡海野に入り、ついで真田氏の家臣矢沢頼綱・大熊五郎左衛門等に上杉氏の支配地である高井郡井上において一、〇〇〇貫文・七〇〇貫文と過大な地を宛行っている。これらは、もちろん書面だけの実質の伴わない空手形にほかならないものであった。

こうした宛行い合戦とも呼ぶべき争乱の中で特に小県は、安堵・宛行地の図に見られるように、三者の競合する地域となっていた。そこに根拠をおいていた真田昌幸は北条方に帰属していく。これは、織田氏が滅亡した後の真田氏の当然のなりゆきであった。

芦田城跡。北佐久郡立科町にある。芦田氏（依田氏）の拠った城。この地方に大きな勢力を持っていた依田氏は、武田氏と真田氏の間で、また徳川氏と真田氏の間で重要な役割を演じた。特に依田信蕃は雄猛の将として聞こえたが、岩尾城（佐久市鳴瀬）で壮烈な戦死をとげている。

徳川氏へ臣属

ところが、天正十年九月真田昌幸は、弟の加津野隠岐守信昌（信尹）、佐久の依田信蕃等を介し、徳川家康に属することになった。同年九月二十八日、加津野信昌宛の書状中で家康は「このころ昌幸が自分に味方するようになったのは、その方のとりなしのおかげである」といって信昌の働きを賞している。昌幸が家康に臣属するのに信昌が大きな役割を果たしていたことは明らかである。

一方『依田記』によれば、佐久郡芦田に在した依田信蕃が家康の命により使者を二度にわたり昌幸のもとに派遣し説得、三度目には昌幸自身芦田に赴き信蕃と対面し、昌幸と家康とが起請文を交換することで和議が成立、昌幸が家康に臣属したということになっている。これらは矛盾するものではなく、真田工作が多面的に行われた証拠と見るべきであろう。

すなわち、武田氏滅亡後遠江で家康に助命され、信長の死後信濃の諸侍を家康に臣属させることを使命として、本領佐久郡芦田に帰還、着々とその実を上げつつあった信蕃にとって、隣郡小県の真田昌幸を説得することは重大な使命であったし、武田氏滅亡後一時小田原北条氏に属し、転じて家康に属したばかりの加津野信昌にとっても、兄昌幸を家康に属させることは、徳川氏配下としての地位を確保するためにも重大なことであった。

結局、肉身信昌の勧誘が決め手になったのであろう。依田信蕃も同年十月十日付の信昌への書状で「貴殿以御才覚甲州（甲府在陣中の家康）へ房州（昌幸）御一味ニ候、御忠節之段不浅候、何篇ニも御身上追而御立身候」と、その功をほめている。北条の勢力が強い上野で、沼田・吾妻郡を領有する真田昌幸にとって北条と手を切り家康に属することは、この時点ではむしろ益のあるものではなかった。にもかかわらず、勧誘を受け入れ、家康に属したということは、弟信昌の身上を立て、一歩先を配慮した結果といえようか。

ともかく、昌幸の臣属を喜んだ家康はさっそく同年九月二十八日、昌幸に上野の長野一跡（箕輪）・甲斐（二、〇〇〇貫文）・諏訪郡と現有している小県郡と上野の吾妻郡・沼田等を安堵し宛行っている。この範囲からすると大変な重賞ではあるが、この時点では上野の箕輪は北条氏の掌中にあり、諏訪郡は先に（七月二十六日）依田信蕃に宛行われた土地であって、甲斐の二、〇〇〇貫文とあわせ、宛行い地は実質的には空手形に等しく、現有地の安堵というべき内容であった（『依田記』によると諏訪郡は信蕃から家康に返され、それが昌幸に宛行われたということになっている）。

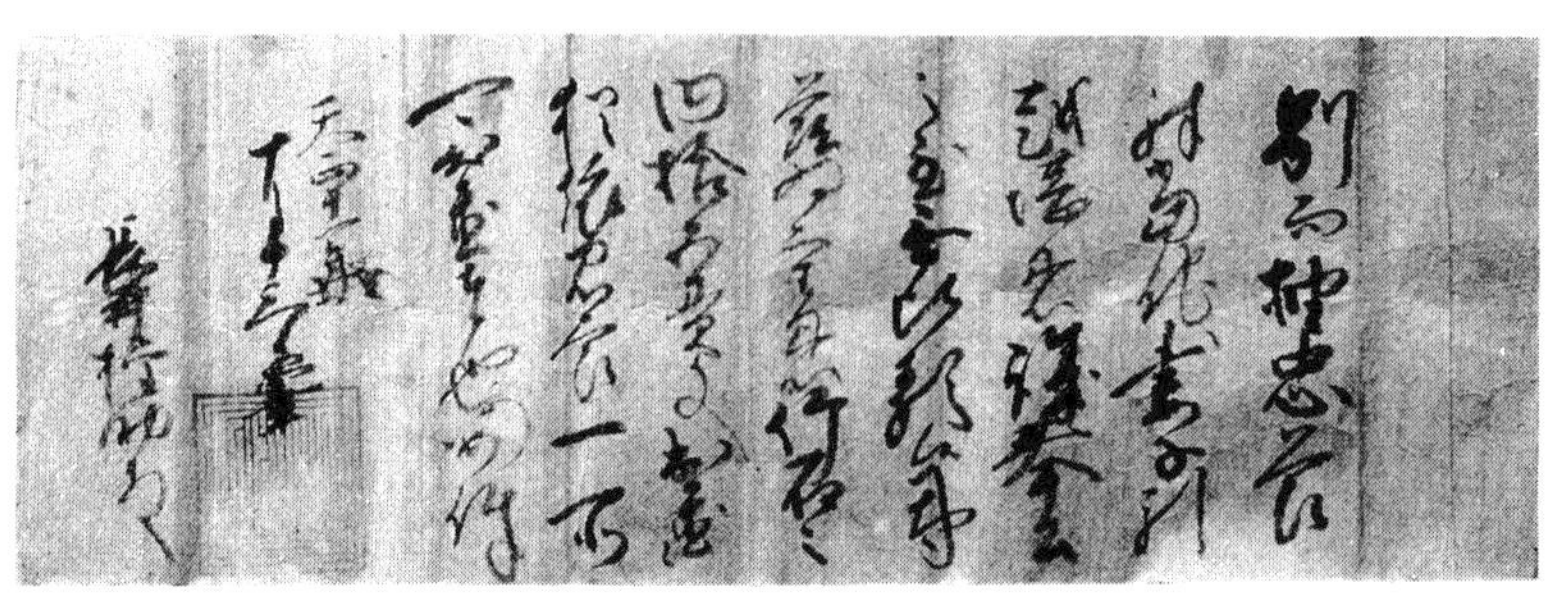

長井権助宛昌幸宛行状。天正11年(1583)10月13日付だが、この頃に昌幸は独自の宛行状、感状を次々と発行している。小県郡の統一に向けて地歩を固めつつあったのである。(上田市長井氏蔵)

家臣に対する安堵・宛行い

前述した安堵・宛行い合戦ともいうべきこの期に、真田昌幸もまた独自な安堵・宛行いを配下の諸侍に対して開始していた。すなわち、天正十年六月十二日恩田伊賀守に小県郡上条において三〇貫文、上野沼田向発地において一五貫文を宛行ったのを皮切りに、天正十年だけでも二三人もの諸侍に安堵・宛行い等を行っている。その対象地は上野・あるいは上野と思われるものが二一ヶ所、小県の地が二ヶ所、更埴地方が六ヶ所、甲斐が一ヶ所となっており、ほとんどが上野の吾妻から沼田方面であったし、対象となった諸侍もほとんどが上野方面の地侍たちであった。

上野の吾妻から沼田方面、更埴地方等は、幸隆以来武田侵攻過程の中で、真田氏が分担し実績を上げてきた地である。武田氏の配下として成長伸展してきた真田氏が、幸隆以来の蓄積を漏らすことなく引きつぎ発展させてきたところに、この一族の並々でない力量を見る思いがする。しかし、武田氏が滅亡した今日、真田昌幸のねらいとするのはあくまでも自立の道であり、その意味で本領とする小県郡内での支配権を確立することは大きな問題でもあった。

小県郡統一に着手

真田昌幸が、小県郡内統一のために最初に行った戦いは、天正十年（一五八二）十月十九日の祢津攻めであった。当時、祢津氏の当主は祢津昌綱であり、昌綱は織田信長の死後、家康に属したが、なぜか真田昌幸が家康に属した直後北条方に走っていた。そこで昌幸は祢津氏の本拠小県郡の祢津城（現東部町）を攻めたわけであるが、この時は成果を挙げることができなかった。

しかし、こうした真田昌幸の動きを警戒した北条氏直は、祢津昌綱に備を堅固にさせるとともに、佐久内山城に直臣猪股能登守を配備した。そして十月二十五日には、昌幸を牽制する意味であろうと思われるが、昌綱に対し海野領内四、〇〇〇貫文という広大な地を宛行っている。

こうした矢先、信長の遺児織田信雄・信孝の勧めにより、徳川家康と北条氏直との間に和議が成立した。その条件は、上野沼田の地を以て甲州都留郡と信州佐久郡に替え、北条氏は上野一円、徳川氏は甲信両国を領有するということと、家康の娘を氏直に嫁がすという内容であった。この内容は沼田・吾妻郡を実質的な本領としていた真田昌幸にとって決して容認できるものではなかったが、昌幸は動かなかった。まず自領を固めることと、徳川の配下として働くこ

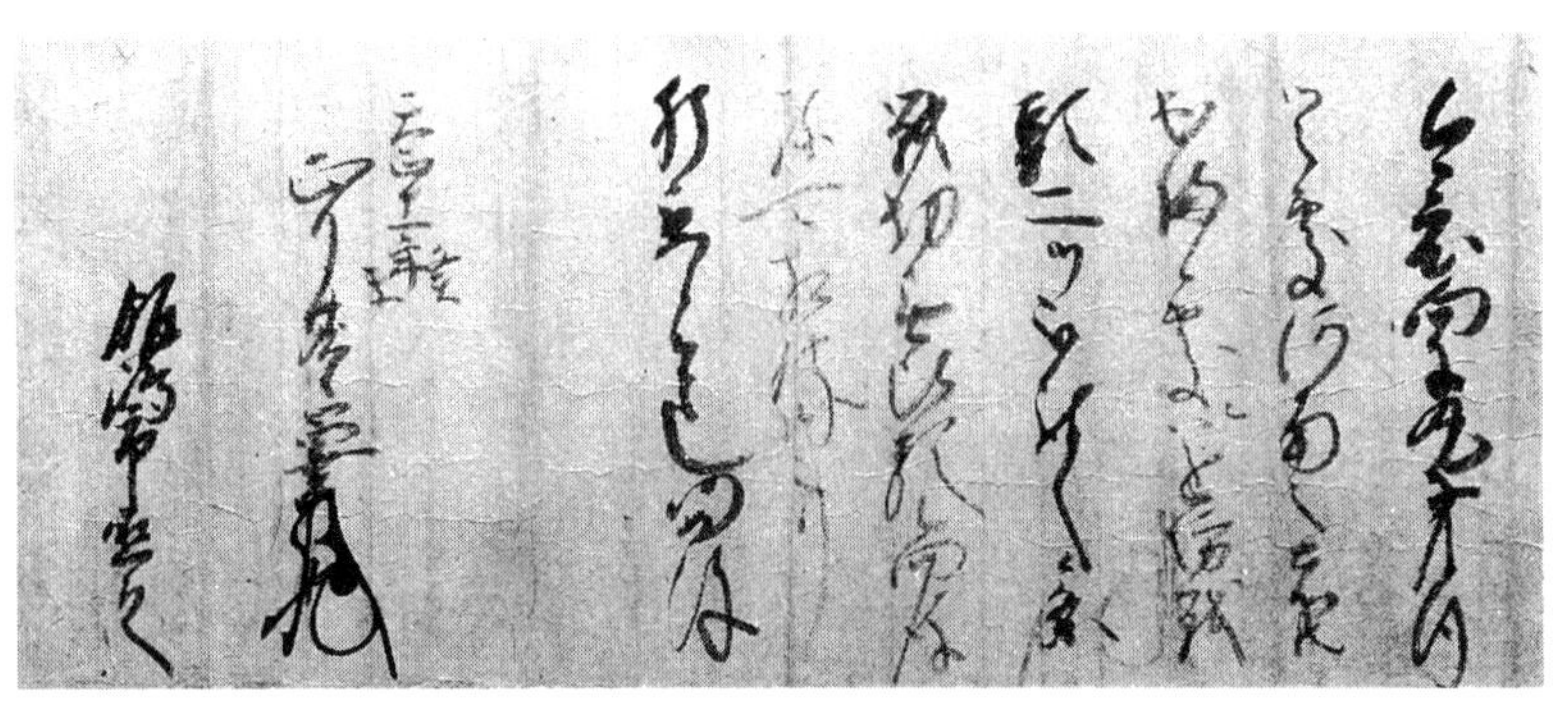

飯島市之丞宛昌幸感状。天正11年閏正月29日付のもの。丸子での合戦の手柄を賞している。（丸子町・飯島氏蔵）

とに努めていたのである。

徳川氏と北条氏との領地交換が名目的なものであったことは、引き続き争奪戦が行われていることで証明される。ことに、佐久郡をめぐる両者の争奪戦は激しいものであり、徳川方の先鋒として働いていた依田信蕃は、天正十一年（一五八三）二月二十二日岩尾城を攻め、弟信幸と共に討死している。（しかし、その翌日、岩尾城は陥落し、家康は信蕃の嫡子康国に松平姓を与え、小諸城主とした。）

こうした佐久での争いには真田昌幸も徳川方として依田信蕃に助力していたが、小県郡内にも北条方の勢力はかなり侵透していた。天正十一年一月には小県郡の和田・大門・武石・長窪・内村・丸子等依田窪地方に在した諸侍が徳川方に叛き、これを圧えようとした真田昌幸・加津野信昌等との間に丸子（現小県郡丸子町）で合戦が行われた。当時、依田窪地方にどのような諸侍が存在していたのか不明であるが、この地に真田氏の意にそわない諸侍が存していたことは、これより少し前天正十年十一月、諏訪上社神長官守矢信直が昌幸に同社神領寄進を促したのに対し、昌幸は「御存知のように郡境が意のままにならないが、来春にはそれも落着すると思うからその時には寄進する」旨を伝えているところからも判明する。

この戦いは全体的に真田方の勝利に終わったもようで、戦功を上げた飯島市

戸石城から見た上田盆地。中央横にのびる森が上田城跡。

之丞・宮下善七郎・金井久内・宮下孫兵衛等に対する昌幸の感状が残されているし、この期以後、武石を中心とした依田窪地方での昌幸の宛行状が目立って増えてきている。

上田城築城

しかし、これで小県郡内から反徳川勢力がなくなったわけではなく、家康自身、天正十一年三月には昌幸に佐久・小県両郡平定のため出兵することを伝え、四月には甲府まで出陣してきている。これは、単に佐久・小県から北条側の勢力を駆逐するだけでなく、さらに一歩進め北進して上杉勢力圏を攻略することにもねらいがあったように思われる。

かつて、兄真田昌幸の勧誘に成功した加津野信昌は、引き続き信濃諸侍を徳川氏に臣属させる役割を担っており、その対象は北信の上杉氏配下諸侍に向けられていた。信昌は天正十一年三月には嶋津忠直を勧誘しているが、成果を上げるまでに至らなかった。しかし、同年四月には海津城将屋代秀正が家康に出仕しており、その後海津城に入った上杉方の村上景国（義清の子）も五月には謀反の嫌疑をかけられ、越後に召還されている。こうしたことから、信昌・昌幸等の働きによって、徳川氏の勢力がこの期に北信の上杉勢力圏にかなり侵透

上田城跡の北櫓。中央に真田石が組みこまれて、古い石垣積みである。

してきたと解することができる。

このような状況下で真田昌幸は、その居城を戸石から現在の上田に移す作業にとりかかっていた。すなわち、上田尼ヶ淵城（上田城）築城がそれである。この地は中世小泉氏が居城した所であったと想定されるが（小泉曲輪の名が現存する）信玄時代にその周辺を合わせ真田幸隆に宛行われた地で、真田のねらいとする小県郡一円支配の根拠とするには絶好の場所であった。

もちろんこの築城は、主家徳川の承認あってできたことで、徳川の北信侵攻にとっても重要な拠点形成という戦略上の意味があったに違いない。しかしこの尼ヶ淵城築城は、北信に基盤を持つ上杉側には見すごすことのできない事件であり、さっそく配下の北信地方の諸侍をして攻めさせ、同年四月十三日にはその巡察の役を嶋津泰忠に命じている。しかし、この上杉方の妨害駆逐作戦は不成功に終わった。

結局、真田の背後にある徳川の勢力が強大であったことと、真田氏を中心とした上杉氏内部の切り崩し工作がかなり進んでいたことからであり、まさに期を利した築城だったといえよう。いや、むしろそれ以前の動きからすると、こうした状況を真田氏が作り出し、それを利用したというべきかもしれない。

しかしこの期には、小県郡内の室賀信俊・祢津昌綱等も独自に徳川の配下に入り、それぞれ郡内に割拠していたわけで、真田氏の支配地はまだ限定された

真田石。築城当時のものといわれ、特に目立つ大石である。

ものであったといえる。殊に祢津昌綱は北条氏から再度徳川に転じ、天正十一年九月にはその本領を家康から安堵されている。その後昌綱は欣隆を定津院の住持にするなど、本領経営に力を注いでいるが、天正十三年（一五八五）頃には、さらに転じて上杉景勝の配下となっている。こうした祢津昌綱のめまぐるしい主家変更をみても、この期の地方小土豪の保身がいかに難しかったかを見る思いがする。

このような厳しい状況下ではあったが、真田昌幸は河原綱家・出浦上総守・長井権助等に郡内の武石の地を宛行ったり、叔父矢沢頼綱を沼田城に配備、沼田・吾妻方面の経営に尽力させる等、自領の備えを固めるにはいささかの怠りもなかった。

真田石・真田井戸

上田城には昌幸の築城のときからあったと伝えられる、真田石と真田井戸がある。

真田石は北やぐらの石垣に埋めこまれるように使われている巨大な石。その由緒から、信之が松代へ移封された時、この石を運ぼうとしたが、びくともしなかったといわれる。

真田井戸。底が深く、横穴が太郎山へ通じているという。

〔左〕上田公園内に立つ解説図。正保年間（一六四五頃）の古図をもとに作成したもので、現在の姿と重ねて見ると興味がわく。

真田井戸は、真田神社の横にあり、非常に底が深い。途中に横穴が掘ってあり、太郎山へ抜けられるようになっている、という。昌幸が築城の折に抜穴として考えた、とか、猿飛佐助が利用した、などという伝説が残るが、忍者たちが活躍したという真田氏にまつわる話として興味深い。

小県郡の統一成就

ところが、天正十二年（一五八四）に入り中央では、秀吉と家康の対立が表面化し、同年四月の小牧・長久手の戦いに発展していった。こうした秀吉との対立の中で家康は、背後を固める必要から北条氏と談合したが、北条氏は先に約束した領地交換を実現するよう要求してきた。そのため家康は、真田昌幸に沼田を北条氏に渡すよう命じたが、昌幸は「沼田は家康さまからいただいたものではなく、我らの手柄で取ったものです。今迄御忠節申し上げたのですから、新たに恩賞を与えられるべきですのに、その沙汰もない上、沼田城を差し出すなど思いもよらぬことです」（『三河物語』より）と沼田譲渡を拒否した。

これにより、真田氏は徳川家康と断絶し、秀吉と和していた上杉景勝に属することになった。これ以後、昌幸と家康が和することはなかったのである。

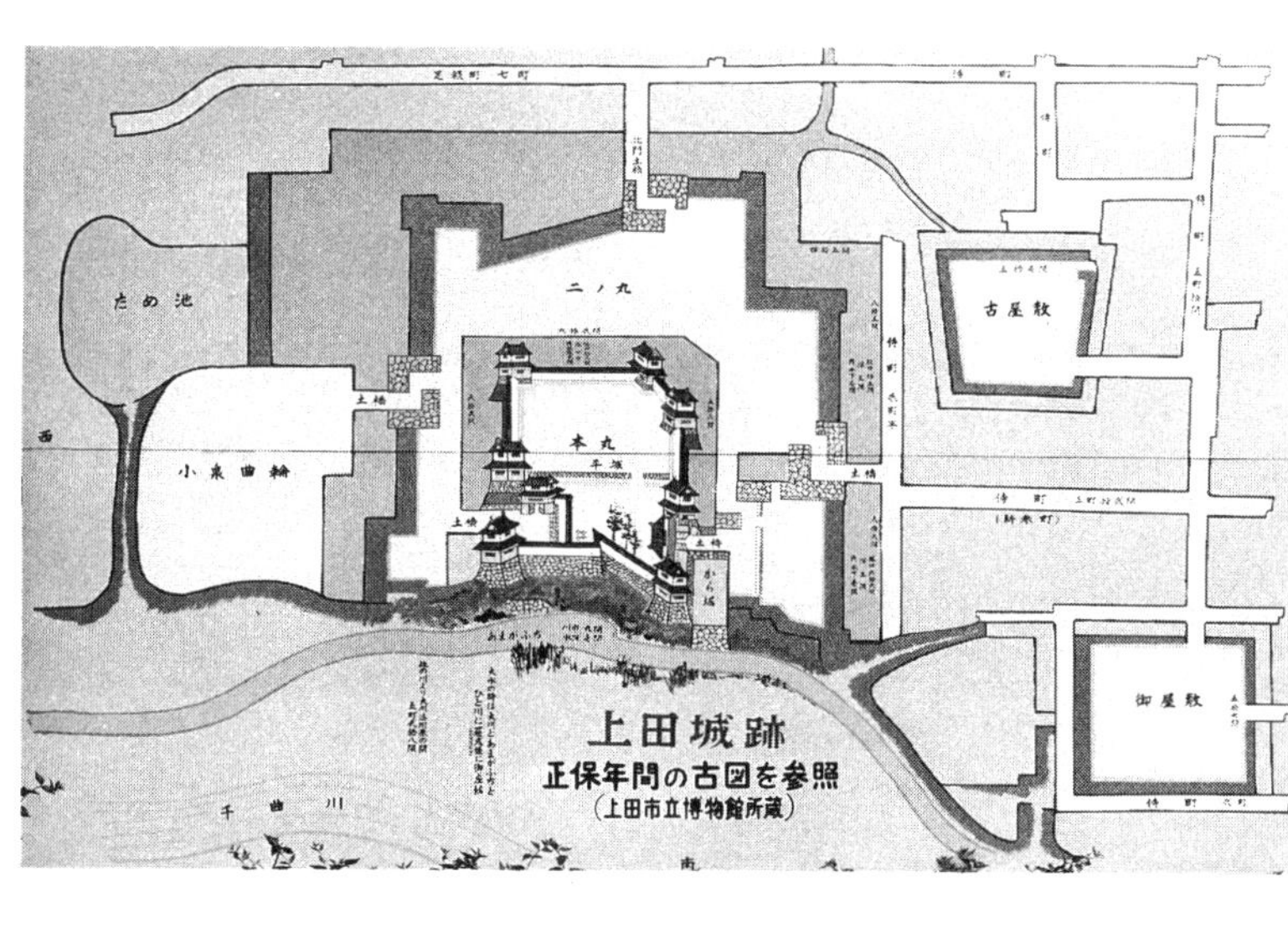

上田城跡
正保年間の古図を参照
（上田市立博物館所蔵）

真田氏が上杉氏に手をさしのべたのは天正十二年のことと思われるが、異心なきを誓い景勝から知行を安堵されたのは、翌十三年（一五八五）七月のことである。同年七月十五日景勝は、昌幸の将で沼田城代の矢沢頼綱に宛てた書状中で「真田安房守去年当方に属し、日を経ず相隔て候の条、いか様の存分に候やと不審千万に候、然らば北条安芸守ところより使者に及び候ところ、かの返答、始中終の心底露われ候、慥（たしか）に聞き届け拠（よんどころ）なく候」と、一時遠のいていたことについても許し、その臣属を喜んでいる。

さらに景勝は同日付けで、昌幸に対し先に家康が行ったのと同様な、少々過大と思われる知行等を安堵している。その内容には約束手形的なところが多分にあるが、ここで注目されるのは、小県郡を銘記しそれに埴科郡の坂木を付随させていることであり、また祢津昌綱の身上をよろしく取り計らえとしていることである。祢津昌綱は先述の通り武田氏滅亡後、転々と主家を代えてきたが、この期には上杉氏に属しており、上杉氏を介して真田氏の配下に入ってきた事情がこれによって判明するわけである。

これより約一年程前、天正十二年七月頃、真田昌幸は小県郡で独立していた有力地侍室賀氏を滅亡させていた。真田氏と室賀氏とは、武田滅亡直後の天正十年四月より対立関係にあり、その関係はその後も変わっていなかった。室賀氏の当主室賀山城守信俊は「文武智謀の勇将」（『加沢記』）として、この期に

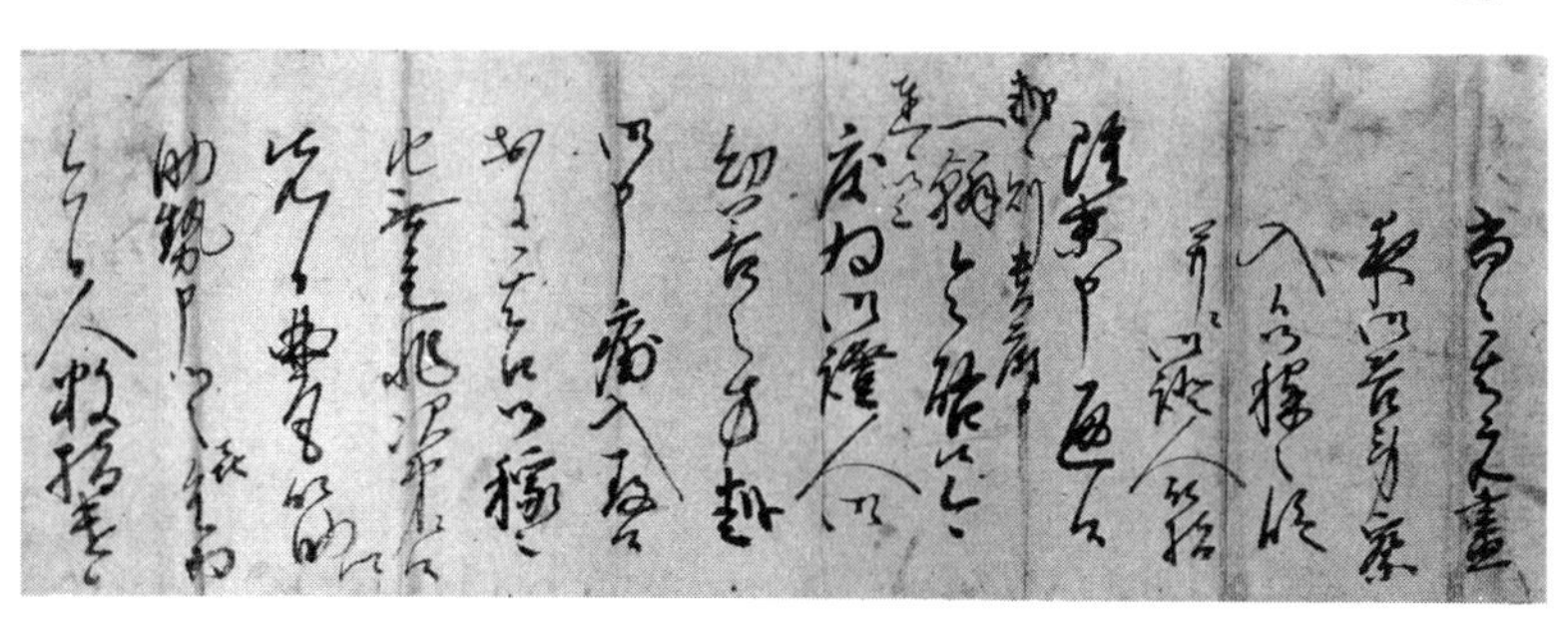

↘証人（人質）として預けられたことを感謝し、援軍を曲尾筋（真田町）へ送ったことを記している。（長野市松代・矢沢氏蔵）

は独自に家康に属し、川西地方に大きな勢力を持っていた。その室賀信俊を、真田昌幸は上田城に招き寄せ謀殺してしまったわけである。『加沢記』によると、これより前家康から信俊に対し謀をもって昌幸を討ち果たすよう命令が出され、信俊は昌幸から碁の招請を受けたのを良い機会に、家康の将鳥居彦右衛門と語らい、謀をもって上田城に乗りこんだが、室賀側に真田氏への内応者がおり、逆に謀殺されたとなっている。祢津昌綱の上杉氏を介しての真田臣属も、こうした郡内での室賀氏滅亡と無関係ではないように思われる。

いずれにしても、これにより小県郡内に真田氏と対立する地侍はいなくなり、真田氏の小県郡一円領有がはじめて可能な状況になったわけである。

徳川軍の上田攻め

しかし、こうした真田昌幸の動きにおさまらないのは家康であった。家康は昌幸を討つために鳥居彦右衛門・大久保忠世・同彦左衛門忠教・平岩親吉等に六千余騎の兵をもって上田に出兵させると共に、天正十三年（一五八五）八月二十日には、小笠原・下条・飯島・松岡等信濃の諸侍に出陣を命じ、都合七千余騎の大軍で上田表に迫った。

これを迎え撃つ真田勢は「騎馬二百余騎に雑兵千五百余人、都合二千余には

矢沢頼幸宛須田満親書状（右ページも）。天正13年８月29日付で、矢沢三十郎（頼幸）に、上杉方の海津城将である須田満親が昌幸の子・弁丸（信繁・幸村）を↗

過ざりけり」（『加沢記』）と記されているように、徳川方の四分の一にすぎない人数であったといわれる。

そこで昌幸は、上杉景勝に、二男信繁（幸村、当時十七歳）を人質として差し出し再度異心なきを誓うと共に援軍派遣を要請した。これを受けた景勝は、八月二十六日、井上源六郎・市川信房・夜交左近助・西条治部少輔等北信の諸将を参陣させ、海津城将須田満親の指揮に従うよう命じている。ついで一部援軍は、同年八月二十九日迄には地蔵峠越えに曲尾（真田町）に到着していた。上杉配下の市川信房・西条治部少輔等は、武田臣属時代吾妻で労を共にした同志であり、真田昌幸としても心強い援軍だったに違いない。

昌幸の巧みな戦いぶり

徳川軍の上田攻めはこの後にもあるので、この天正十三年（一五八五）の戦いは「第一次上田合戦」とも呼ばれる。その戦いのようすは大久保彦左衛門の『三河物語』等に描かれているが、昌幸の実に巧みな戦いぶりが遺憾なく発揮されたようである。すなわち――

徳川軍は佐久方面より進軍し、千曲川を渡り国分寺を経て上田に向った。信幸は父昌幸の策により、手兵を引きつれて神川に出動して防いだ

上田公園入口下の堀跡。古くは水堀だった。最近までここを電車が走っていたが、今は遊歩道になっている。

〔左〕戸石城跡から神川を見下ろす。右手の低い山が虚空蔵山、その左下を流れる神川は右へカーブして千曲川へ注ぐ。中央の集落が矢沢、その左に矢沢城がある。手前の橋は国道一四四号線で、左が真田町。

が、わざと打ち負けて退き、敵を城下へおびき寄せた。策とは知らず敵軍は勢いよく追いかける。信幸等は城下に退くや、案内知った小路の内に影を隠す。徳川勢はまっすぐに進んで大手に押し寄せ、門を閉ざす隙なく門内に攻め込んだ。城兵は防禦をあきらめて二ノ丸内に引き退く。敵は二ノ丸まで押し寄せたが、堀が深くて容易に進むことができない。そこで門ぎわについて、門を押し破ろうともみあった。そこで城兵は、かねて用意の大木を切って落とす。門についた敵兵は打たれて死傷する者多く、驚き騒ぎ立った。この時にわかに城の堀や櫓の上から一斉に弓・鉄砲を射かけたため、たちまち多大の死傷者が続出、敵軍は大混乱に陥った。

昌幸は城中にあって敵の混乱の様子を聞き、頃はよし、と合図の太鼓を打ち鳴らし、城門を押し開き、精鋭の部下をひきいて一度にどっと突いて出た。徳川軍は統率の任に当る指揮官もない寄合勢で、広くもない場所へ先を争って攻め込み、それが乱れ騒ぎ立った所へ城中から猛烈な突撃にあったので、途方を失って皆われ先にと敗走した。

この時昌幸は町家に火をかけ、煙にむせび千鳥掛の柵に逃げ迷う敵兵を追撃した。敵は散々な目にあい、東方の科野大宮社のあたりまで退くと、高槻備中等が南方側面から攻め立てる。敵は総崩れとなり国分寺の方へ逃げる。

敗退した徳川軍も、その退路に神川の流れがあり、いわゆる背水の位置に陥った。この様子を察した昌幸は、敵を急追するのを中止し、敵が半ば渡るに及んで、上流に築いておいた堰（ダム）を切って落とし洪水を流したので、徳川軍は多大の損害をこうむった。

昌幸は神川の岸の黒坪の台地に旗を立て、向う岸の敵の動静をうかがった後、味方の将士も終日の奮戦激闘に破れた上、日も暮れてきたので、勝ちどきをあげて悠々と上田城に引き上げた。

この戦いで城兵の死傷はわずかであったが、徳川軍は千三百余の兵を失った。折から上州沼田より戦いの様子を憂慮して戦況問合せの書状をよこしたのに答えて、信幸は「去ル二日国分寺ニ於テ一戦遂ゲ、千三百余討チ捕り存分ニ任セ候」と誇らしげに書き送っている。

神川合戦の大勝利

大軍の威を借り、「真田ごとき小身者」と勝利を信じていた徳川軍であったが、結果は地の利を生かし縦横に術策を駆使した真田の前に退陣を余儀なくされたわけである。退陣の途次、徳川軍は真田の属城で、丸子三左衛門の守る丸

丸子城跡。小県郡丸子町にある。内村川と依田川の合流点の山城で、細長い尾根が続く。その先端は今は公園として整備されている。

〔左〕昌幸宛羽柴秀吉書状。天正十三年（一五八五）十月十七日付で、「未だ申し遣はさず候の処……」と書き出している。（真田宝物館蔵）

子城を攻めたが、これも失敗に終わり、佐久・諏訪・甲州方面に引き上げた。

しかし、徳川軍は真田討伐をあきらめたわけではなく、同年九月十七日には、鳥居彦右衛門・平岩親吉等が佐久高野町に禁制を掲げるなど自陣を固め再攻の機会を待っていたが、同年十一月に入り、突然全軍を遠江に引き上げさせてしまった。長期戦を覚悟し、防備を固めていた真田氏側にも撤退理由はわからなかったらしく、同年十一月十七日、上杉景勝の重臣直江兼続に宛てた書状の中で、昌幸は「徳川勢がどうして引き上げたか、その理由がわからない」と書いている。

この全軍撤退は、徳川方の重臣・松本城主石川伯耆守数正が、同年十一月十三日小笠原貞慶の人質を引き連れ岡崎城を出奔、秀吉のもとに走り、徳川方の秘密が筒抜けになるという事件が起こったからで、徳川氏にとっては真田攻めどころではない内部事情によるものであったという。

この、いわゆる「神川合戦」は、結果としては真田氏側の勝利に終わり、真田氏の名声を天下に響かせる要因になったわけであるが、「城地二里四方の農民も篭城したから、彼等を集めて男女共に三千余人、百姓の妻女子供に至るまで石礫（つぶて）を投げさせた」（『加沢記』）と記されているように、真田氏にとっては、領内の農民子女まで合わせての総力戦であったわけで、大軍をもっての再攻があれば、昌幸が深謀術策の持ち主であったにしても、どうなっていたかわ

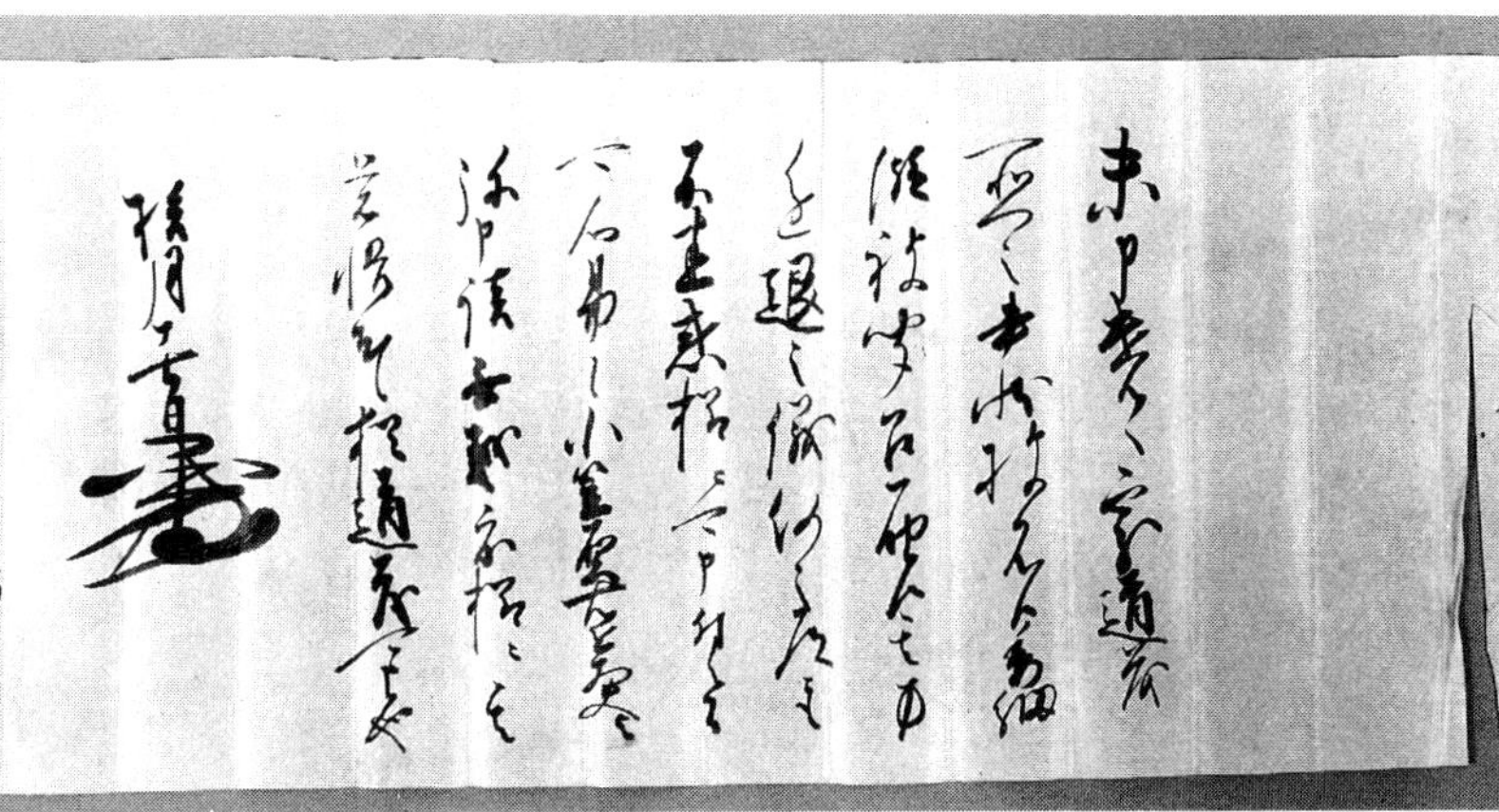

からない状況にあったと思われる。

昌幸はこの徳川軍との対陣の最中、初めて羽柴秀吉に書状を送り援助を求めた。これに対し秀吉は、同年十月十七日付で昌幸に「委細の段聞召し届けられ候、その方進退の儀、何の道にも迷惑せざる様申し付くべく候の間、心易かるべく候、小笠原右近大夫（貞慶）といよいよ申談じ越度なき様にその覚悟尤もに候」――委細承知したから安心するように、との返書を送ってきている。

これにより、秀吉と昌幸との間につながりができたわけで、徳川軍が遠州に撤退した直後の十一月十九日にも秀吉は昌幸に書状を送り、来年の正月を期して家康を成敗することにしたと伝えると共に「信州・甲州両国の儀小笠原・木曽伊予守と相談し諸事申しあわせ、失敗のないように取り計らえ」「貴国へも其方より申し越しがあり次第、必要なだけの人数を遣わす」と伝えている。

北条軍の沼田攻め

徳川軍が撤退し秀吉との結びつきができたことにより、昌幸の上田領はしばらく安泰となったわけであるが、昌幸のもう一つの所領上野沼田の情勢は非常に厳しい状況にあった。上田攻めの徳川軍が佐久・諏訪に退陣した九月、真田陣営の手薄をつくように、北条氏直の率いる大軍が沼田城に迫った。

この期に北条が沼田攻めを敢行するであろうことは、真田氏側でも早くから察知しており、神川合戦の直後、閏八月十三日に昌幸の嫡子信幸は、沼田在城の恩田伊賀守・同越前守・発知三河守等に、上田での戦勝を知らせるとともに「北条勢が攻めてくるらしいから、守りを堅くしているように」と北条に対して備えを固めるよう命じている。

沼田城代矢沢頼綱がいかにすぐれた勇将であっても、北条氏の大軍を相手にすることは至難のわざであった。しかも上田表からの援軍が不可能な状況下では、上杉景勝に支援を要請する以外になかった。同年九月十八日景勝は真田の要請に応じ、先に人質として上杉氏に出された真田信繁（幸村）に随行した頼綱の子三十郎頼幸を越後から沼田に返すことと、援軍も追って派遣することを約束している。

こうした上杉氏の支援と矢沢頼綱を中心とした沼田在陣諸将の懸命な防戦に合い、北条側は利あらずとみて、九月二十九日には小田原に帰陣している。

北条氏による沼田侵攻は前年にもあり、連年の戦いに田畑を荒らされ家を焼かれた領民は、すっかり疲弊していた。このような状況を『加沢記』は「近年北条御出馬にて民悉困窮、就中界目（北条氏との）之民農業仕るべきようなく、大半餓死に及びければ、上田より兵粮米運取、矢沢配分し給て農民育（はご）くみ給ける」と伝えている。

沼田城跡。台地の先端にあり、三方は急な崖になっている。徳川軍の上田攻めの直後に北条軍は沼田城を攻めた。城将矢沢頼綱は北条の大軍を相手によく守り抜き、この地方の真田の領地を確保し続けた。

しかし、北条氏の沼田侵攻は執拗であり、翌天正十四年（一五八六）五月、またしても大軍をもって沼田攻略にかかってきた。この時城将矢沢頼綱は北条氏邦に宛て「氏直公去秋御出張のところ勝利なきによって、今度八州の大名・小名打振ひ貴方案内となり、この山中へ御出張誠にもって御苦労の至に候、数年御心掛のところ我等存分今年ニ至って対陣をとげ大悦これにすぎず候、この表不肖の族に傷つくと雖ども早々御出馬待ち居るところに候」と、開き直りともバカにしたとも思える内容の書状を届けさせている。

これに対し氏邦は「来意の如く我等近年発向せしめ候と雖も難所にかかり、殊にその城堅固貴殿初取尤もに候、書状の趣大途（氏政）に及び候のところ神妙に思し召され候、山中珍らしく覚うるにつき、一両日鷹狩仰付けられ候の条、静に寄せ欝憤を遂ぐべく候、併せて速かに降参せしむべくんば、その所領は望に任せ、一族并びに篭城衆安堵なすべく候、なお一戦の時を期し候」つまり「山中が珍しいので鷹狩でもして、そのついでに戦をしたい」という、これまた人を喰った返書を送っている。

こうした虚々実々の心理戦の後、戦いの火ぶたは切って落とされたが、結果は連日の大雨と洪水もてつだい、地の利を生かし防備術策を構じた沼田城（矢沢＝真田）方の勝利に終わり、またしても北条側は退陣せざるを得なかった。

沼田城が利根川と薄根川に望む断崖上にある要害の城塞であったにしても、

こうした連年の北条の大軍を撃退できたのは、内部諸将の結束が強固であったからであり、その結束を保持できたところに真田氏の勝因をみい出すことができる。

家康に出仕

このように激戦が続く沼田城は、叔父矢沢頼綱にまかせ、真田昌幸は上田にあって領内の整備にあたると共に、徳川軍のひき上げた佐久郡にも手を伸ばしていた。天正十四年(一五八六)一月から三月にかけては、昌幸による配下の諸侍たちに対する宛行いが集中した時期であるが、その中では沼田にあって北条の猛攻を必死にくいとめている矢沢綱頼・頼幸父子に対する「海野領之内為房山始千貫文」の宛行いが目を引く。これは矢沢父子の功労に対する恩賞の意味であろうが、小県郡内においてこれだけの地を宛行えたところに、真田氏の郡内における勢力が、ほとんど確立していたことをうかがい知ることができる。

一方、先の上田攻めに失敗した家康は、同年七月再度昌幸を討つため駿河まで出馬したが、秀吉のとりなしにより真田討伐はしばらく延引することになった。ところが、それから一ヶ月もたたない八月三日秀吉は、石田三成・増田長

沼田市内にある戸鹿野（とがの）神社。真田家が厚く尊崇したようで、昌幸は戦いにのぞむ前にはいつも、必勝祈願をしたという。

盛等をして上杉景勝に「真田は『表裏比興者ニ候之間』（表裏のある、不都合の者だから）成敗を加えなければならない。ついては家康の兵が働くことになるが、おまえは一切支援してはならない」と伝えさせると共に、家康の臣水野惣兵衛にも書状を送り「家康自身が動いて、真田の首をはねることが大切だ」と真田討伐を勧めている。ところが同年九月二十五日になると秀吉は、再度転じて上杉景勝に「真田事先書ニ如被仰遣候表裏者候間、御成敗之儀、家康雖被仰出候、此度之儀先以相止候」（真田は表裏のある者だが、成敗の儀は一応やめる）と書き送っている。

このようにくるくると変わる秀吉こそまさに表裏者であったが、それには彼なりの理由があった。秀吉のねらいは天下統一であったが、そのためには是非とも対立関係にある実力者徳川家康を味方にし、臣属させる必要があったのである。そのためには、家康の歓心を買う必要があり、その一つの道具として振り回されたのが真田氏であったわけである。このような秀吉の策が功を奏したのか、その後家康は上洛し、秀吉に臣下の礼を誓い、その代償として関東全域をまかされている。こうした一連の動きの中で秀吉は、同年十一月四日上杉景勝に、信濃の真田・小笠原・木曽等各氏の所領を家康に渡すように命じているが、その中で「真田は不届き者で討ち果すべき者であるが、その方がとりなしたので成敗するのをやめ、真田を立て置くのだから、そのことをよく言い聞かせ家康のところへ召出させるよう」念を押している。

ついで翌天正十五年（一五八七）正月四日に秀吉は、上杉景勝に対して真田氏を上洛させるよう命じ、さらに同年三月十八日には、小笠原貞慶と共に昌幸を駿府の家康のもとに出仕させている。これも家康との約束であったにちがいない。秀吉は前年天正十四年十二月に太政大臣となり朝廷から豊臣の姓を賜わっており、自身をも「天下」と称する権力者であり、こうした秀吉の前には、真田氏の存在は小さなものであった。

沼田領の北条氏帰属

家康を臣属させることにより、豊臣秀吉の天下統一事業はさらに一歩前進したが、ただ一人関東にあって秀吉の再三の上洛命令にも従わないでいたのが小田原の北条氏政であった。秀吉は天正十六年にも使者を以て催促したが、北条氏政は即答せず、弟の氏規を家康のもとに派遣して相談させている。

ついで氏規は家康の臣榊原康政・成瀬藤八郎と共に上洛し、秀吉に拝謁して「上野国沼田ノ地ハ、天正十年甲州ノ戦場ニテ徳川家康ト氏直和融ノ時是ヲ避リ渡サルヘキ誓ニ及ブ。然ル所ニ真田安房守昌幸是ヲ難渋シ、今日ニ至ツテ押領セシメ最モ北条家素意ヲ失フ。早々安房守ニ諭シ、彼ノ地ヲ氏直ニ渡サルベ

名胡桃城跡。群馬県月夜野町にある。利根川に突き出した台地の突端で、小規模ながら堅固な構えである。堀割や郭などの遺構が残り、利根川方面の見はらしがよい。

キ也。是ヲ得テ後、氏政必ズ上洛セシメン」（『武徳編年集成』）と沼田の地の帰属について虫のいいことを述べている。すなわち、北条氏政は武力をもってはどうしても攻略できなかった沼田を、上洛の引きかえ条件にして手に入れようとしたわけである。この時秀吉は「往年ノ約、我是ヲ詳ニシラズ。氏直ガ臣ニ能ク封境ヲ知ル者ヲ登セ委細ニ説カシムベシ」（『同書』）と返答して使者を返している。

翌天正十七年七月十日、秀吉は真田昌幸に「関東から出羽陸奥の分領境目等の検使として、津田隼人正・冨田知信等を派遣するから上田・沼田間往復の伝馬・人足・路次宿を手配するよう」命じているが、これもこの件にからんでの命であったろう。それから間もなくの同年七月二十一日沼田の帰属について秀吉の裁断が下った。その内容は「真田昌幸の上州の所領の三分の二、並びに沼田城はともに北条へ遣し、其代地は徳川家より真田家に授けるように。しかし上州領の三分の一と奈久留美城は真田家の祖先の廟所がある故昌幸が相違無く領知すること」となっている。なお、この時沼田の代替地として真田に与えられたのは、信州伊那郡箕輪の地であった。

こうした決定が下されるであろうことを、昌幸は早くから察知しており、前年十六年五月には、沼田城代矢沢頼綱に沼田の替地として小県郡内において上田原・保屋・長窪・武石・吉田等都合三六一貫六〇〇文の地を宛行い、沼田引き上げの準備をさせていた。いわば予期された裁断であり、利根郡において名胡桃等三分の一、吾妻郡はそのまま自分の手に残り、上州での基盤を失わずにすんだことは、いわば不幸中の幸であり、この期の状況からすると昌幸にとって容認すべき内容であった。ところが実は、この裁断により真田側に残された名胡桃の地が、秀吉による「小田原攻め」という大事件の導火線となったわけであるが、それは後述する。

名胡桃城事件

この期に真田昌幸は京都にあったが、名胡桃城(なぐるみ)には先の城主鈴木主水を置き、沼田城を八年の長きにわたって死守した矢沢頼綱を、吾妻郡の拠点岩櫃城に移して上野所領を固めさせるとともに、嫡子信幸をして上州支配の任に当らせていた。信幸は、これより前天正十七年二月十三日には駿府の家康のもとに出仕し、徳川家に臣属しており、年も二十四歳、すでに一人前の武将として昌幸からも認められていたのであろう。この年から主として上州在陣の諸侍に対する宛行い等は信幸の名においてなされている。すなわち、同年十一月三日の配備替えの折、折田軍兵衛・原弥一郎・塚本肥前守等に吾妻郡の替地として伊那郡箕輪の地を宛行(あてが)ったのも信幸であった。

沼田市の正覚寺にある鈴木主水の墓。小松姫の霊廟のかたわらにひっそりと立つ。一説によれば主水は、北条方にあざむかれて上田へおもむく途次、岩櫃城で矢沢頼綱にそんなはずがないと言われ、急いで帰城したところ既に名胡桃城は北条方に占拠されていた。無念に耐えず主水は沼田の正覚寺で腹を切って果てたという。

一方、先に人質として上杉景勝のもとに送られていた次男信繁（幸村）も、昌幸が秀吉に救援を求めた頃（十四年頃か）大谷吉隆を介して秀吉に出仕していた（『藩翰譜』）ということであり、真田は秀吉と家康の二大勢力者に手を伸ばしたことになるわけで、この期に保身することの難しさをよく物語っているように思われる。

さて、秀吉の裁断によりようやく沼田を掌中にできた北条氏は、さっそく重臣猪俣憲直を城将として沼田に配置した。ところが、天正十七年（一五八九）十一月この沼田城兵が、真田氏の領有する名胡桃城に侵攻しこれを陥落させ、城主鈴木主水を討死させるという事件が起こった。真田からの報告でこの事件を知った秀吉は、次のような書状を与えている。

「豊臣秀吉書状」（真田文書）

その方相抱ふる名胡桃の城へ、今度北条境目の者共手遣せしめ、物主を討ち果し、かの用害を北条方へのつとるの旨に候。このころ氏政出仕致すべきの由、最前御請申すにより、縦へ表裏ありと雖も、その段相構へられず、先づ御上使差し越され、沼田城の渡遣、その外知行方以下相究めらるるのところ、右動是非なき次第に候。この上北条出仕申すに於いても、かの名胡桃へ取りかかり討ち果し候者共、成敗せしめざるに於いては、北条赦免の儀これあるべからざる候。その意を得境目の諸城共来春まで人数入

昌幸宛豊臣秀吉書状（左ページも）。
（真田宝物館蔵）

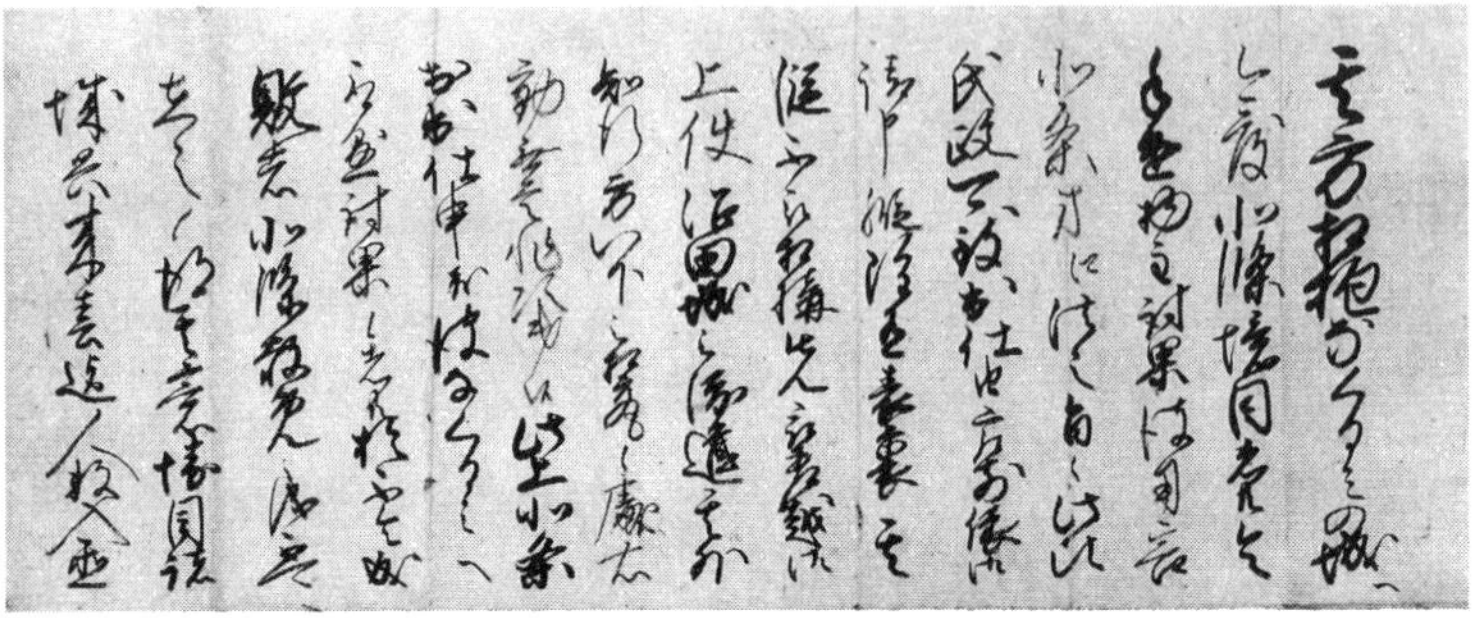

れ置き堅固に申し付くべく候。自然その面人数入り候はば、小笠原・川中嶋へも申し遣はし候。注進候て、かの徒党等を召し寄せ、懸け留め置くべく候。誠に天下に対し、抜公事表裏仕り、重々相届かざる動これあるに於いては、何れの所なりとも、境目の者共一騎懸に仰せ付けられ、自身御馬を出され、悪逆人等の首を刎ねさせらるべきの儀、案の中に思し召され候の間、心易く存知すべく候。右の境目または家中の者共にこの書中相見せ、競をなすべく候。北条一札の旨相違に於いては、その方儀、本知のことは申すに及ばず、新知等仰せ付けらるべく候。委曲浅野弾正少弼・石田治部少輔申すべく候なり。

十一月廿一日

朱印（豊臣秀吉）

真田安房守（昌幸）とのへ

この大意を要約すると、「その方（昌幸）の領地である名胡桃の城を北条方が攻めとったのは不届きの至りである。この上は攻めた者を断罪するまで北条を許さないことにするから、安心して守りを固めるように」ということになる。

そして北条家に対しては、先に沼田を渡せば上洛すると約束したにもかかわらず氏直はいまだにそれを実行しない上、裁断を破り真田の属城名胡桃城を攻

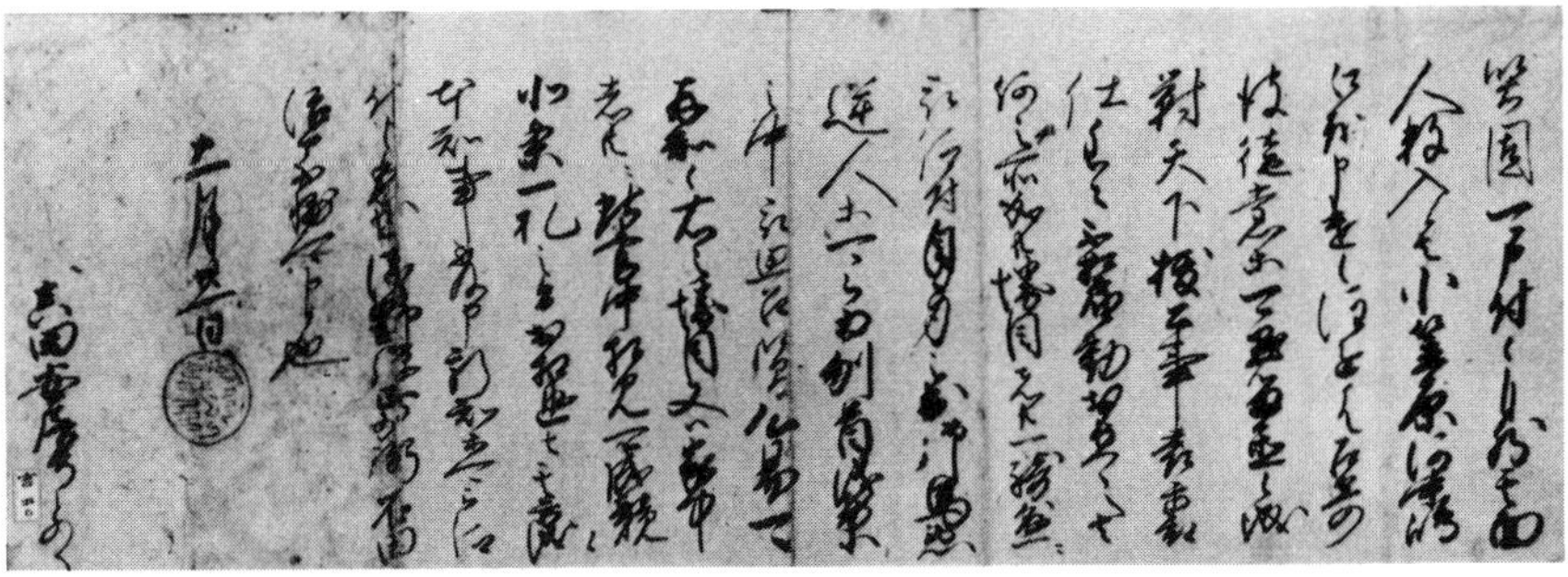

めとったことは、「勅命に逆らう」ものと怒り、来春を期して討伐することを通告した。
　これに対し、北条側は名胡桃のことは一切知らないこと、田舎武士の猪俣が一存でやったこと等諸事弁解したが、秀吉はこれを聞き入れなかった。秀吉の天下統一完成のためには、北条氏は最後の障害であり、この事件に関しては初めから聞く耳を持たなかったといっても過言ではあるまい。同年十二月秀吉は、家康にまかせたはずの信濃に禁制を掲げており、天下人としての自覚と意気はいよいよ高まってきていた。

秀吉の小田原攻め

　翌天正十八年（一五九〇）一月十日、秀吉は真田昌幸に「自身は二月十日頃小田原へ出馬するが、おまえは援軍が木曽口に到着するのを待って行動を起こすよう」と指図している。秀吉の小田原攻めの軍は、総勢二〇万であったが、そのうち北国口から侵攻するよう命じられた越後の上杉景勝は一万、前田利家も一万、真田昌幸は三、〇〇〇の兵を分担していた。この北国口隊の指揮責任者は前田利家であり、先に真田昌幸が援軍を待てといわれたのは前田利家の軍のことであった。

北国口隊は、同十八年二月信濃から碓氷峠越えに上野に入り、まず北条氏の将大道寺政繁の守る松井田城の攻略にとりかかった。しかし政繁の必死の防戦にあい、しばらくここに釘付けにされることになった。

その間、昌幸・信幸父子は、再三にわたり小田原城包囲の秀吉のもとに戦況を報告しているが、それに答えて秀吉は、陸上・海上とも二重三重にとり囲み、「誠に鳥の通もこれなきに付いて」と完全包囲しているからこちらのことは心配ない。だからそちらの働きを肝要にするよう指示している。その後も秀吉と真田父子の間に戦況交換が行われているが、真田・前田・上杉の連合軍は同年四月二十日、ついに松井田城を陥落することができた。

ついで真田昌幸・信幸父子は上野箕輪城攻めに移り、松井田城陥落四日後の四月二十四日にはこれを攻略、秀吉にその旨を報告している。これに答え秀吉は、同年四月二十九日石田三成を使者として真田氏のもとに派遣し、箕輪城の仕置等を指図しているが、その内容で注目すべきは、土民・百姓を故郷へ帰り住ませることと、〝東国の習〟として行われていた女子の売買を禁じるということであり、こうした中にも秀吉の近世統一国家への志向をみることができるように思われる。

天正十八年（一五九〇）七月五日、関東に強力な勢力を誇っていた小田原北条氏も、ついに秀吉のいわゆる「小田原攻め」によって陥落、当主北条氏政は切

名胡桃城跡に立つ石碑。秀吉の小田原攻めの発端となった城である。その後昌幸は沼田領を回復し、秀吉とも友好関係を維持していくことになる。そうした歴史的な舞台となったことを忘れたかのように、ひっそりとした城跡である。

腹して果てた。これにより秀吉の対立者はすべて除去され、天下統一は成就されたのである。

秀吉からの所領安堵

小田原北条氏を撃ち破った秀吉は、即刻諸大名の配置替えに着手している。北条氏の遺領は家康に与えられ、家康はその本拠を駿府から江戸に移し、ほぼ関東全域を掌中にするに至った。この間、信濃の小笠原秀政は下総古河に、諏訪頼忠は上野惣社等にそれぞれ配置替えとなり、代って信濃には秀吉の臣仙石権兵衛秀康が小諸に、石川出雲守康政が松本に、諏訪には日根野織部高吉が、伊那には毛利河内守秀頼が入って、木曽は秀吉の直轄領とされた。

このような、ほぼ全面的な配置替えが進行する中で、真田安房守昌幸だけが例外的に小県郡の本領を安堵された。これは、これ以前の働きから、昌幸が秀吉の直臣と判断されたためであろう。さらに秀吉は、家康に対し、真田昌幸に上野沼田領を安堵することを相談し、天正十八年（一五九〇）七月二十九日に家康もこれを承諾している。これにより真田昌幸は、時の最高権力者、秀吉から小県郡と沼田を領有することを安堵されたわけで、近世大名としての確かな基盤が保障されたとみることができるように思われる。

このように秀吉政権下での順調な出発をみた真田氏の当主昌幸は、さっそく配下の諸侍に土地の安堵・宛行い等を行っているが、それを見ると上野の吾妻を含めた沼田領関係は嫡子信幸が、そして小県郡関係は自分自身が担当している。この分担は、天正十七年信幸が家康に出仕して以来のものであり、それが継承されたわけで、この所領統治分担はその後も続いていった。

天正十九年（一五九一）秀吉は朝鮮出兵を企図し、諸大名をしてその出兵基地肥前名護屋（現在佐賀県松浦郡鎮西町）に出兵在陣を命じているが、真田昌幸・信幸父子に命ぜられた名護屋在陣兵は七〇〇人、渡海人数は五〇〇人であった。翌文禄元年（一五九二）一月真田信幸は、上州吾妻郡の田村雅楽助に朝鮮出兵を命じ、その代償として吾妻郡の内にて四〇〇貫文を宛行っているが、真田の兵が朝鮮出兵にどのようにかかわったかの事実は現時点では不明である。

真田父子が秀吉から命じられたもう一つの大きな仕事は、京都伏見城の普請役であった。文禄二年（一五九三）十二月七日秀吉は、長束正家・増田長盛・石田三成等側近の奉行衆をして、真田信幸の来年の伏見城普請役を免除し、領内の開発に励むよう命じているが、それから十日後の同年十二月十七日には、同奉行衆をして前言を取り消させ、来年の三月朔日より九月まで城普請をするから二月中に京都に着くよう命じている。文禄三年に入っても、同奉行衆から信幸宛の城普請に関する書状は再三にわたり届いているが、それによると信幸の

唐冠の兜（とうかんのかぶと）。矢沢頼幸（三十郎）使用のもので、豊臣秀吉より拝領と伝える。安土・桃山時代に流行した様式。（長野市松代・矢沢氏蔵）

役は堀向かいの石垣を築くことであり、上野から引き連れていかなければならない人足は、知行高の五分の一の一一〇人であった。この伏見城普請役は真田昌幸も分担しており、同年六月一日秀吉は「柾板百五十駄国本（元）ニ残置候人数を以、木曽ヨリ朝妻（近江）迄」届けさせるよう命じている。この書状中の「国本ニ残置候人数を以」という文書から、それ以前から昌幸が人足を引き連れ、伏見城普請において何らかの役割を果たしていたことを察知することができる。

信幸が分担した石垣工事の期限は同年九月であったが、信幸の帰国願いはそれ以前に出されており、同年九月二十五日普請奉行石田三成から「工事の残った部分については、誰かたしかな者か、真田昌幸にでも申し付けるから早々帰国するように」と承認の書状が届けられている。これに対し信幸はさっそく三成に御礼の品々を贈ったらしく、九月二十八日付けで「殊に御小袖二、（内結・片色）喜悦の至に候」と三成からの礼状が送られてきている。

ところで、先述のように前年十二月にも信幸は、領内開発のため帰国したい旨を要請し、それがいったん秀吉により了承されたわけであるが、秀吉側の都合で取り消されたままになっていた。それが今回再度提出され、しかも工期の途中に承認されたということは何を意味しているのであろうか。今回の承認理由としては、「時分柄之儀候間」とだけしかなく、その間の事情は不明であるが、前の「下々知行方入精開発」と考え合わせる時、あるいは信幸の領知していた沼田領内に未整備・未解決な不安材料があったのではないかと想像される。それがどのようなものであったのか実態は不明であるが、秀吉側でもその帰国がやむを得ないことと解されるものであったことは間違いない。ともかく、この期に真田父子は京都にあって、伏見城普請役として秀吉のために働いていたわけであり、こうした働きに報いるためか同年中に、昌幸には諸大夫が、信幸には従五位下の官職が授けられている。

秀吉の死と東西対立

ところが、全国統一者として栄華を誇った秀吉が、慶長三年（一五九八）八月十三日、病のためその波瀾に富んだ一生を閉じるという重大事が起こった。これにより、秀吉政権下で、大名としての地位と身分を安定し得た真田氏も、再び大きな試練の場に立たされることになったわけである。

死に直面した秀吉は、その少し前に制定した五大老・五奉行等重臣・近臣に遺言し、嫡子秀頼の将来をくれぐれも頼んだといわれているが、これは、天下統一をなし遂げた最高権力者秀吉も、その死後の政権維持に重大な不安をいだいていた証拠であった。はたせるかな、秀吉の遺言通り始められた五大老・五

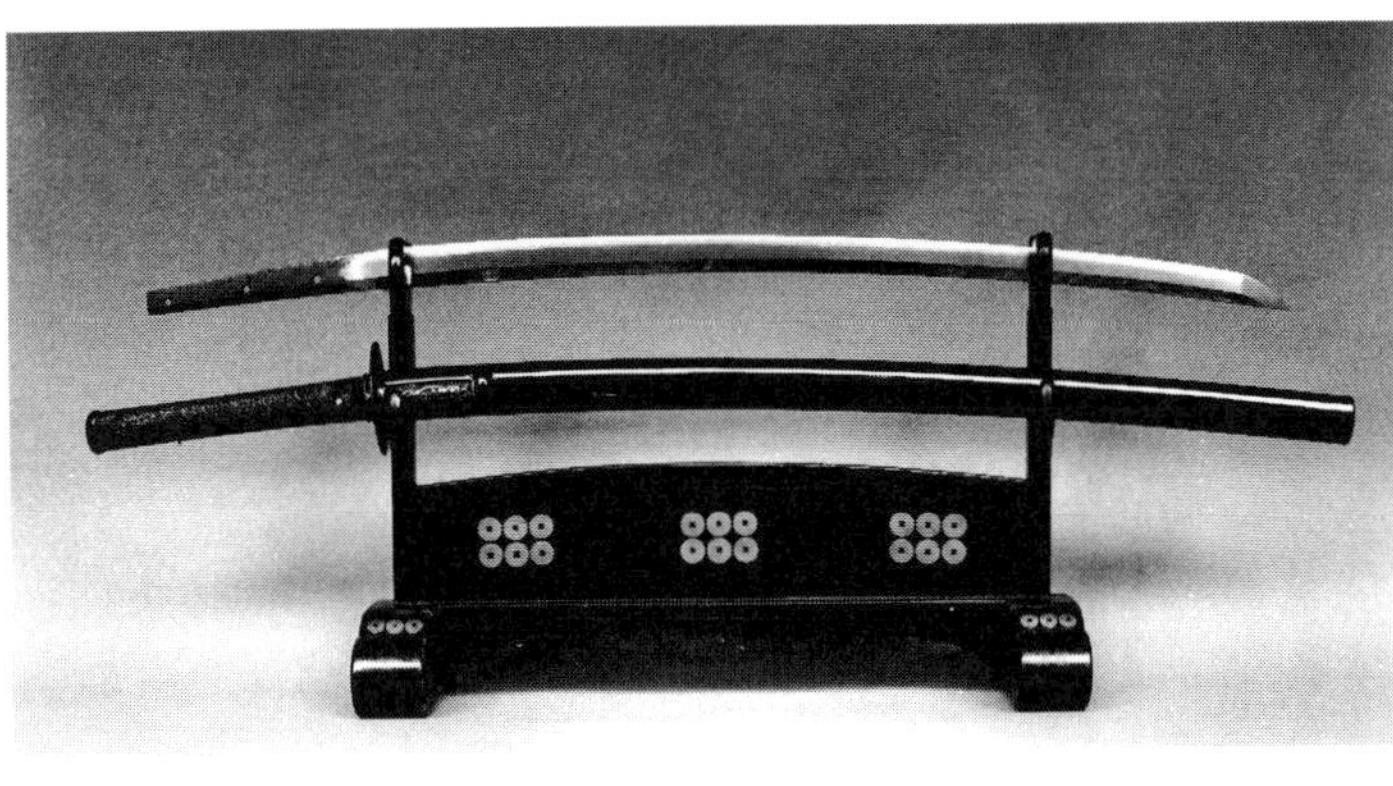
三原の太刀。昌幸が秀吉より拝領したもの。（真田宝物館蔵）

奉行等の合議にもとづく秀頼擁立の政治も、その内部の分裂・対立抗争から瓦解し始め、五大老の一人で秀吉の信任の最も厚かった前田利家が、秀吉のあとを追うように死去（慶長四年三月）してから後は、ほとんど有名無実のものとなり、結局は徳川家康が主導権を握り、天下の実権者としての地位を確立していった。

この間、真田父子（昌幸・信幸・信繁）は、終始家康に随従し伏見に在住したが、実権を握った家康が大坂に移るに伴い、他の大名等とともに大坂に移転していった。途中、信幸だけが病気になり、国元に帰って療養につとめていたもようで、昌幸は信幸に宛てた慶長五年（一六〇〇）三月十三日付の病気見舞状の中で、「おまえが留守だから良いところを得るのに苦労したが、おまえの屋敷は前の屋敷と引き替えにして左衛門佐（信繁）が管理しているから安心するよう」伝えるとともに「家康様が大坂城にお入りになったので、伏見にいた大名・小名はことごとく大坂へ引越していった。わたしどもも近日中に移るので今はその準備をしている」と報じている。この書状の中からも、この期に真田父子は一致して家康に臣従していたことが判明するわけである。

これより前、家康の実権が増大し合議政治が崩壊していく中で、他の五大老はすべて領地に帰国していたが、家康は謀反の志ありとして彼らを責め屈服させていった。しかし、秀吉の生前に越後から陸奥会津一二〇万石に移封されて

真田父子犬伏密談図、佐藤雪洞画。昌幸を中心に父子三人が、三成挙兵の密書が届いたところで今後の方策をめぐって密談をしている。（上田市立博物館蔵）

いた五大老の一人、上杉景勝だけは、家康の再三の上洛の命にも応じないでいた。これを怒った家康は、諸大名に会津上杉征伐の命を出し、自身は六月十六日に大坂を出発、途中伏見に立ち寄り東海道をゆっくり東上して七月二日に江戸城に到着、しばらく滞在の後七月二十一日に江戸を出て、下野（栃木県）の小山に着陣したのは七月二十四日であった。こうした緩慢な家康の行軍は、時の反家康勢力の中心となっていた石田三成に対する陽動作戦だとする説もあるが、西国の反徳川勢力の挙動をうかがいながらの東進であったことは間違いあるまい。

はたして、七月初め石田三成は、内紛から一時隠遁していた近江の佐和山（現滋賀県彦根市）から大坂に出て、増田長盛・長束正家・前田玄以等かつての五奉行衆と計って秀頼を擁立して兵を上げ、七月十九日には、家康の留守居役鳥居彦右衛門等の守る伏見城攻撃を開始した。これにより天下分け目の「関ヶ原の戦い」につながる戦闘の幕が切って落とされたわけである。そして、真田父子もいやおうなく、この激流の中にのみこまれていくことになった。

昌幸・信幸父子の分立

すなわち、家康の命により会津征伐に出陣し、下野の犬伏（栃木県佐野市）

に陣していた真田昌幸の宿所に、七月十七日付の長束・増田・前田等豊臣奉行衆の連署状が密使により届けられ、父子の密議の結果、父昌幸と二男信繁（幸村）は秀吉方に、長男信幸は家康方にと分離することになったわけである。この間の事情については、『滋野世記』『滋野世記異説』『武徳安民記』『翁物語』に諸事記されているが、詳細な事実は不明といわねばならない。

真田昌幸の妻は宇田下野守頼忠の娘、石田三成の妻も宇田氏の娘で昌幸と三成は相婿・義兄弟の間柄となり、信繁の妻は大谷刑部少輔吉継（吉隆）の娘で、その宇田・大谷両氏ともに秀頼についたこと、また信幸の妻は家康の重臣本多忠勝の娘であること等姻戚関係からの別離も考えられることであるが、これは表面的な理由とはなり得ても、戦国の世を生き抜いてきた昌幸の選択する理由にはなり得ないものである。どうも、『滋野世記』中の「家康・秀頼ノ恩ヲ蒙リタル当家ニテハナケレトモ、ケ（カ）様ノ節ニ臨ミ、家ヲモ起シ大望ヲモ遂ント思フ」「ケ様ノ時ニ父子引分レ候モ、家ノ為ニハ能キ事モ有ベシ」とするあたりが、真田父子の本音に近いものではなかったかと思われる。

真田昌幸・信繁が信幸と決別し上田に帰国したことは、即刻家康にも報告され、居残った信幸に対しては、七月二十四日付で「今度安房守罷り帰られ候のところ、日比（ひごろ）の儀を相違へず、立たれ候こと、奇特千万に候」と褒状が下され、さらに七月二十七日付で、昌幸の小県郡の所領を信幸に宛行っている。家

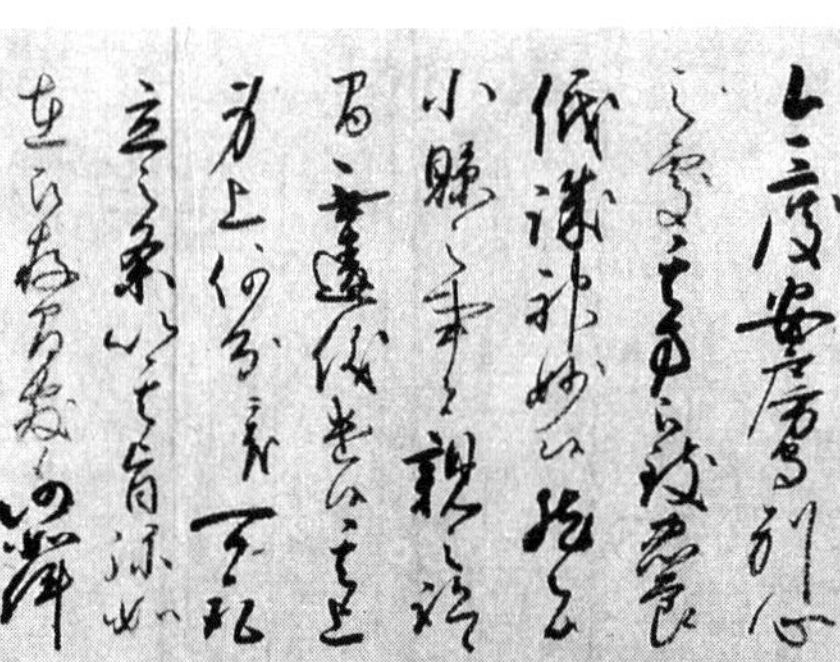

信幸宛徳川家康安堵状。慶長５年（1600）７月27日付だが、その反応の早さは、家康の気持のあらわれであろうか。（真田宝物館蔵）

康としては、信幸が味方に残留してくれたことが、よほどうれしかったのであろう。

「徳川家康安堵状」（真田文書）

今度安房守（昌幸）別心のところ、その方忠節を致さるの儀、誠に神妙に候。然らば、小縣のことは親の跡に候の間、違儀なく遣はし候。その上身上何分にも取り立つべきの条、その旨を以っていよいよ如在に存ぜられまじく候。仍って件の如し。

慶長五年

七月廿七日　　家康（花押）

真田伊豆守（信幸）殿

小松姫、昌幸の入城を拒否

昌幸・信繁（幸村）父子が犬伏から急拠上田へ帰る途次、沼田城に立ち寄ろうとして、信幸の妻・小松姫に入城を拒否された話は有名である。

小松姫は徳川家康の重臣・本多忠勝の娘で、家康の養女として信幸に嫁した。その婿選びの折に小松姫は、平伏して居並ぶ諸大名の髷をつかんでは顔を見たが、これに反発した信幸だけは鉄扇で手を打ちすえたので、そ

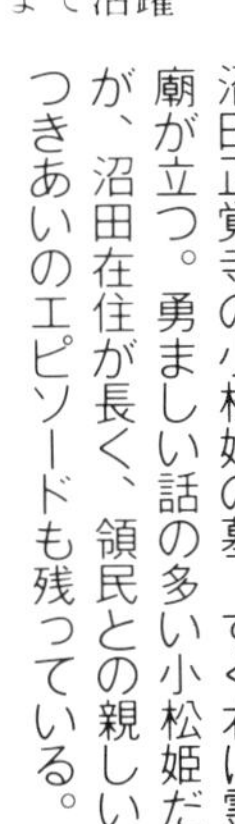
沼田正覚寺の小松姫の墓。すぐ右に霊廟が立つ。勇ましい話の多い小松姫だが、沼田在住が長く、領民との親しいつきあいのエピソードも残っている。

の気概に感心して嫁入りしてきた、という話も伝わる。

犬伏から数名の家来をつれて二十余里を駆けた昌幸・信繁は、沼田城で休もうとした。しかし小松姫は甲冑姿で現われて、突然訪れた昌幸たちを不審に思い、入城を拒んだ。たとえ親であろうとも、殿（信幸）の留守中に許しがなくては入れるわけにはいかない、どうしてもというなら一戦をまじえる、という勢いであった。昌幸は孫の顔を見たくて寄ったのだと言って、城内から出てきた信幸の子の顔を見て立ち去ったという。昌幸の一行はやむをえず沼田町内の正覚寺で休んだが、その時信繁は城下に火をかけて去ろうとしたのを、昌幸にたしなめられた、とも伝えられる（『真武内伝』等による）。真相はともかくとして、小松姫の性格がよくうかがえる話といえよう。

石田三成の密書

一方、真田昌幸から石田三成への返書は、七月二十一日に使者をもって発送され、同二十七日に佐和山に到着していた。この返書の中で昌幸は、このような重大なことを事前に相談してくれなかったことを難じたらしく、七月三十日

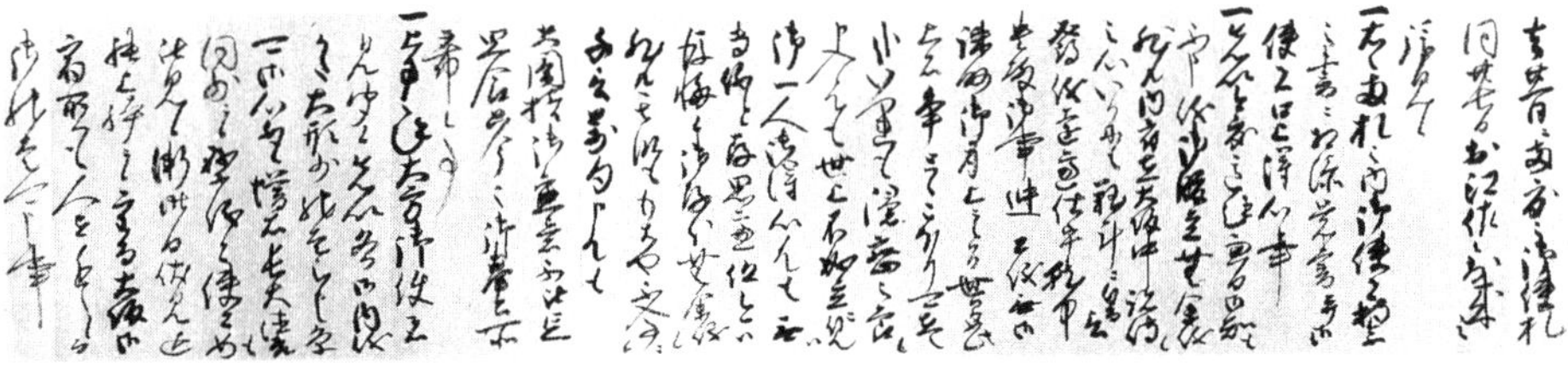

付の書状で石田三成は、昌幸に語らなかったことを詫び、信幸・信繁にも別紙で伝えるべきだが、よろしく伝えてくれるよう報じて来ている。

「石田三成書状」（真田文書）

去る廿一日両度の御使札、同廿七日江佐（近江佐和山）に到来候、拝見候

一右の両札の内御使者持参の書に相添う覚書并びに御使者の口上得心の事。

一先ず以って今後の意趣、兼ねて御知せも申さざる儀、御腹立余儀なく候、然れども内府（徳川家康）大坂にある中、諸侍の心いかにも計り難きに付いて、言発之儀遠慮仕りんぬ。なかんずく貴殿の御事とても公儀御疎略なき御身上に候の間、世間かくの如き上は、いかでかとどこおりあるべけんや、いずれも隠密の節も申し入れ候ても、世上成立たざるに付いては、御一人御得心候ても詮なき儀と存じ思慮す。但し今は後悔に候。御存分余儀なく候、然れどもその段ももはや入らざることに候。千言万句申し候ても、太閤様御懇意忘れ思し食されず、只今の御奉公希ふところに候の事。

一上方の趣、大方御使者見聞候。先ず以っておのおの御内儀かた大刑少（大谷刑部少輔吉隆）馳走申され候の条、御心安かるべく候。増右（増田右衛門尉長盛）・長大（長束大蔵大輔正家）徳善（前田徳善院玄以）も同前に候。我等儀御使者見られ候如く、漸く昨日伏見まで罷り上る躰に候。重ねて大坂の

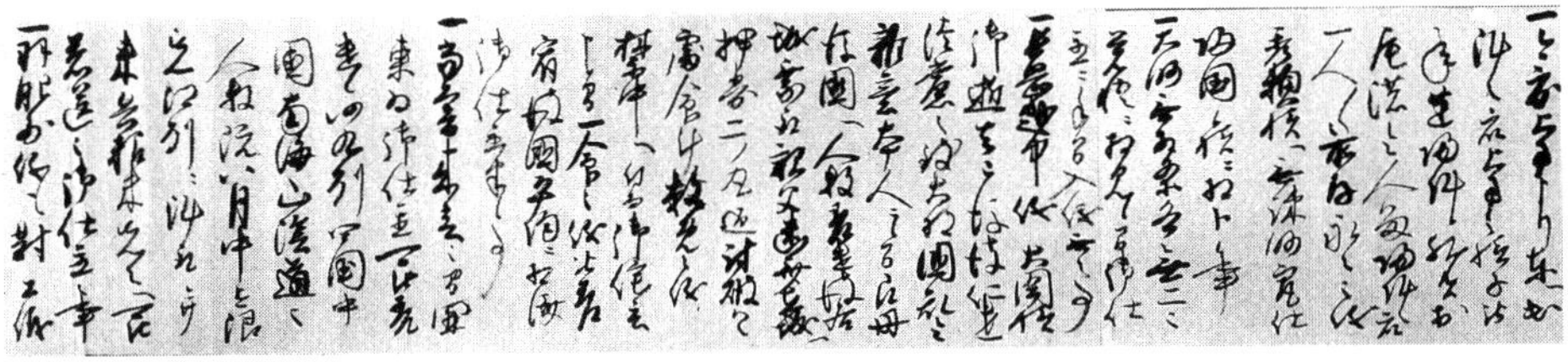

三成の密書（二）

御宿所へも人を進め御馳走申すべく候事。

一今度上方より東へ出陣の衆、上方の様子承わられ悉く帰陣候。然らば尾・濃に於いて人留せしめ、帰陣の衆一人一人の所存永々の儀、（豊臣）秀頼様へ疎略なく究め仕り、帰国候様に相卜め候事。

一大略条別なく、おのおの無二の覚悟に相見候の間、御仕置に手間入る儀これなき事。

一長岡越中儀、太閤様御逝去并後、かの仁を徒労の大将に致し国乱雑意せしむる本人に候の間、すなわち丹後国へ人数差し遣わし、かの居城乗取り、親父幽斎在城へ押し寄せ、二の丸まで討ち破り候ところ、命計り赦免の儀禁中へ付いて御佗言申し候の間、一命の儀差し宥され、かの国平均に相済まし御仕置半ばに候事。

一当暮来春の間、関東御仕置のため差し遣わさるべく候。よって九州・中国・南海・山陰道の人数、既に八月中を限り、先ず江州に陣取り并びに来兵粮米先々へ差し送らるべきの御仕置の事。

一羽肥前（前田利長）儀も公儀に対し、毛頭疎略なき覚悟に候。然りと雖も老母江戸へ遣わし候の間、内府へ疎略なき分の躰に先ずいたし候の間、連々公儀如在に存ぜず候の条、おのおの御得心候て給ひ候へとの申され分に候事。

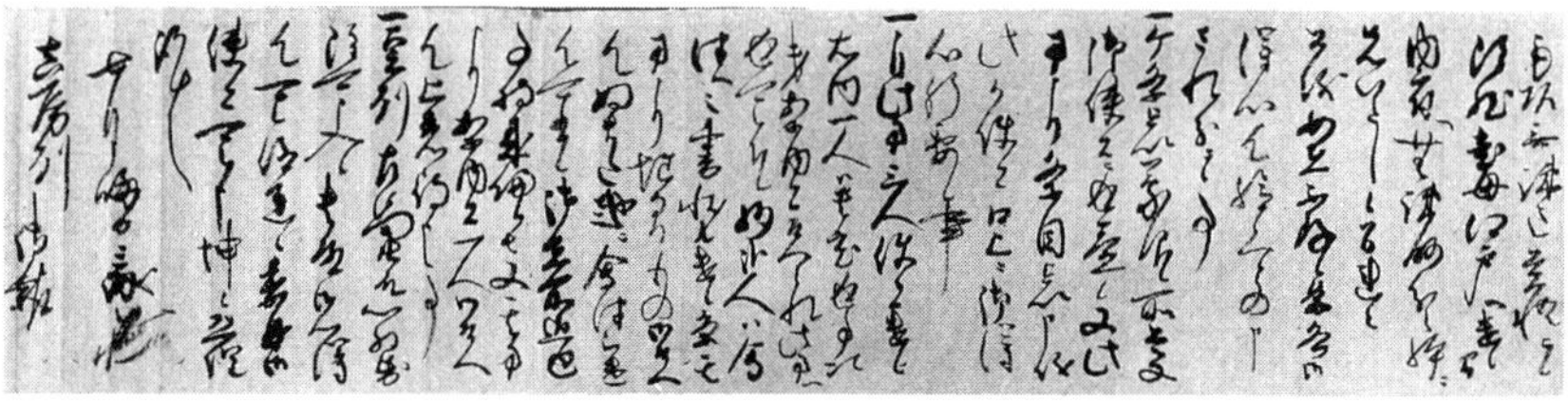

一箇条を以って仰を蒙り候のところ、これまた御使者に返答候、またこの方より条目に以って申す儀、この御使者口上に御得心肝要に候事。
一この方より三人の使者遣わし候。右の内一人は貴老返事次第案内者をそえられ、この方へ返し下さるべく候。残り二人は会津への書状ども遣わし候の条、その方より慥なるもの御そえ候て、沼田城に会津へ遣わされ候て給うべく候。御在所まで返事持ち来り帰り候わば、またその方より案内者一人そえ候て上着待ち申し候事。
一豆州（真田信之）・左衛門尉（真田信繁）殿に別紙をもって申し入るべく候と雖も、貴殿御心得候て、仰せ達せるべく候。委曲御使者申し伸べらるべく候。恐惶謹言。

七月晦日　（石田）三成（花押）

真房州（真田昌幸）

御報

昌幸の深謀

三成方から上田へは七月二十一日から八月十日まで、十一通もの書状が届けられているが、これらの書状の内容を見ると、秀頼方に味方するために上田に

豊臣秀頼方から真田方への勧誘書状

年月日	差し出し人	宛名	内容の概要
①慶長5年7月17日（1600）	長束大蔵大輔正家 増田右衛門尉長盛 前田善徳院玄以	真田安房守昌幸	徳川家康を討つため挙兵した。太閤様の御恩を忘れないのなら秀頼に忠節してほしい。
②同　年7月29日	長束大蔵大輔正家 増田右衛門尉長盛 前田善徳院玄以	真田安房守昌幸	諸将の人質を取り置いたこと。太閤様御懇意忘却なくばこの節秀頼様への御忠節肝要。
③同　年7月29日	宇喜多秀家	真田安房守昌幸	同　上
④同　年7月29日	毛利輝元	真田安房守昌幸	同　上
⑤同　年7月30日	石田治部少輔三成	真田安房守昌幸	21日に出発した昌幸の使者が27日に佐和山に到着したこと、昌幸に諮らず事を起こしたことを詫びる。軍略を告げ上杉景勝への使者の案内を頼む。信幸・信繁にも別紙に申し入れるべきところであるが、其方からよろしく。
⑥同　年7月30日	大谷吉継（吉隆）	真田安房守昌幸 〃左衛門佐信繁	昌幸父子のことが気がかり、真田昌幸・信繁の妻子を吉継が預かった。秀頼様を御見捨にならないよう。返事を待つ。
⑦同　年8月1日	長束大蔵大輔正家 増田右衛門尉長盛	真田安房守昌幸	事前に知らせなかった理由を述べ、忠節を勧める。伏見城の陥落を知らせる。
⑧同　年8月2日	長束、毛利、前田 増田、宇喜多、石田	真田安房守昌幸	大坂・伏見の軍状を告げ、秀頼への忠節を勧める。
⑨同　年8月5日	石田治部少輔三成	真田房州（昌幸） 〃豆州（信幸） 〃左衛門佐（信繁）	大坂・京都伏見の運状を告げ、飛脚を沼田越えに会津へ届けさせるよう頼む。小諸・深志・川中島・諏訪等の仕置を任せることを告げる。
⑩同　年8月6日	石田治部少輔三成	真田安房守昌幸	去る3日の書状が6日佐和山に届いた。深志・川中島・諏訪・小諸甲州までの仕置を矢弓にても才覚にても任せる。家康が上洛すれば尾張と三河の間で討果す。伏見城は陥落したこと。宇田河内父子は無事であること。信幸の去就が気がかりだ、どうなっているのか。
⑪同　年8月10日	石田治部少輔三成	真田昌幸 〃信繁	去る5日真田昌幸からの書状を大垣にて拝見した。信州はもとより甲州までもその方の仕置きに任せるから、さっそくとりかかるよう。自分は濃州に在陣、長束正家は勢州に在陣している。家康ほどの者が十人上洛してこようとも討果す等軍状の報告。

帰国したはずの昌幸が、肝心の秀頼方に対してはなかなか明確な態度を示さないでいたことが判明する。すなわち細かく検討してみると、八通目までは秀頼に対する忠節を勧誘しているが、九通目（八月五日付）の書状からそれがなくなり、同時に忠節に対する代償や昌幸の役割に関する指示が付加され始めている。これはこの時点から昌幸の明瞭な意志表示がなされたことを意味していると思われる。

さらに、秀頼への忠節を明示した段階でも、信幸が加わらないことは伏せられていたらしく、八月五日三成からの書状は、真田父子三人、すなわち、昌幸・信幸・信繁（幸村）に宛てられたものであった。昌幸の子とはいえ、信幸（三十五歳）信繁（三十四歳）は働き盛りの部将であり、その去就は大きな関心事であったわけであるが、信幸が秀頼に組しないことが伝えられたのは、昌幸から出された八月五日付の書状であったろうことが、八月十日付の三成の返書の宛名が信幸ぬきになっていることから推定される。

このように手のうちをなかなか明らかにせず、徐々に出していったのは、秀頼側における自己の立場を考えた昌幸の深慮遠謀が働いたからだと思われる。信濃の諸大名がすべて家康に付いたとはいえ、秀頼側が形式的にも昌幸・信繁に取締まりを任された範囲が、「小諸・深志・川中島・諏訪等」に甲州が加わり、さらに「信州之儀ハ申すに及ばず、甲州迄も」と徐々に拡大されていった

小諸城跡。徳川秀忠は上田城を攻める前に小諸に着陣し、昌幸の説得工作をすすめた。小諸城は当時仙石氏が入っており、城の整備がされつつあった。のちに仙石氏は信之にかわって上田城に入っている。小諸城跡は現在は懐古園となり、島崎藤村の詩碑もあって多くの人々が訪れる。

ところにも、そうした証左を見ることができる。

信幸の宛行状といい、昌幸・信繁の取締り範囲といい、この時点においては実の伴わない名目的なものであった。しかし、父子の分立により真田氏は、この一大決戦の結果がどちらに転ぼうと、最低限、旧領だけは保障を得て決戦に臨むことができたわけで、一族の存続と領民の安定を何よりも優先させたゆき方は、見方によっては日和見主義ともいえるであろうが、わが国中世末戦乱期における諸氏族の将たるものには、こうした考え方は共通してあったもので、むしろそこに真田氏の智謀を見るべきであろう。

秀忠の上田攻め

京・大坂の変報を知った家康は、西上することを決し江戸城に帰陣した。この時、家康に従うことを決めた大名の中には、浅野長政・福島正則・黒田長政・池田輝政等秀吉恩顧の大名が数多くいた。そして家康は東海道を、秀忠は東山道を西上するてはずを決め、まず福島・池田等を先発隊として東海道を西上させた。

家康としては、先発隊のほとんどが秀吉恩顧の大名たちであっただけに、その動向に疑念を持ち、試すつもりであったであろうが、先発隊は勇戦し、慶長

国分寺本堂。秀忠の使者となった信幸は、ここで昌幸と会って交渉したといわれる。古い三重塔や、創建当時の礎石も残る由緒ある寺である。上田城をめぐる攻防では、いつもこの国分寺から神川周辺が主戦場になったようである。

五年（一六〇〇）八月二十四日には岐阜城を陥れ、さらに合渡川や犬山の戦いに勝ち、石田三成の篭る大垣城に迫る活躍を示した。こうした報を得て安心した家康は、まず、上杉への備えとして宇都宮に残留させた秀忠を出発させ、ついで自身も九月一日に江戸城を出て、東海道を西上し始めた。

これより先、徳川方に残った真田信幸は領地沼田に帰っていた。役目は会津の上杉と信濃の真田昌幸に対する備えを厳にすることにあったが、そこへ八月二十三日付の秀忠の書状が届けられた。それは「明日二十四日こちら（下野宇都宮）を立って小県を攻めるから、おまえも心得の上、そちらで合流するように」といった内容であった。同日付で佐久間信晴・平野九右衛門等他の諸将にに出された書状にも、「信州真田表仕置のために」と明記されており、徳川秀忠の出兵のねらいは、表向きは真田征伐ということで、上方に対する本当のねらいは伏せられていたわけである。秀頼方に対する無益な刺激を避けようとする配慮がなされていたのであろう。

したがって、秀忠としては、できたら上田は支障なく通過したかったであろうことは、信幸に対する書状中の「其分御心得候而、彼表へ可有御出張候」とする文言や、大久保忠隣・本多正信といった重臣を使者として信幸のもとに派遣している点からも想像することができる。信幸としても、父と正面から戦うことは避けたいことであり、さっそく上田表に走り懸命な説得工作を行ったの

真田父子上田籠城図。明治期の錦絵で豊寅画。左から幸村、昌幸、穴山小助、海野六郎が描かれている。（上田市立博物館蔵）

ではないかと思われる。

それが功を奏したのか、徳川秀忠が軽井沢を経て小諸に着陣した翌九月三日、秀忠軍が上田近辺まで押し詰めたところ、上田城主真田昌幸が、子信幸を介して詫言を言い降参してきたのである。これは、秀忠としては歓迎すべき好事であり、さっそく昌幸を赦免することに決し、使者を以て昌幸に伝えた。

昌幸・幸村、上田城死守

ところが翌四日になって、これがまったくの偽りと判明したので、怒った秀忠は赦免を停止し、翌五日から上田攻撃にとりかかることになった。この間の事情を、秀忠は羽柴右近宛の書状中で「よって真田安房守こと、頭をそり罷り出、降参すべきの旨、真田伊豆守を以って種々詫言申し候間、命の義相助くべきと存じ、昨日使者を以って申し入れ候のところ、今日に至って存分に申し候の間、赦面（免）する能はず候、然る間、急度相働くべきの条」と書き送っている。結局、昌幸としては一時信幸の顔をたて降伏のふりを見せただけのことであろう。いかにも厳しい戦国期を生き抜いた、謀将らしいやり方ではあった。

こうした昌幸の策謀は、五日から開始された攻防にさまざまな形で発揮されたらしく、秀忠方三万八千の軍勢に対し、昌幸方はわずか二千五百の兵と数の上では問題にならない状況であったが、秀忠軍は日時を徒労するだけで上田城を陥落させることはできなかった。その背景には、昌幸が領地民に出した命令が「先ず馬上の者の儀ハ申すに及ばず、歩行の者又は侍・足軽・仲間・小者・百姓・町人にいたるまで、此の度の働きに付てハ、敵の首一つに知行百石宛与ふべし、偽り有るべからずと申渡に付、侍分ハ申すに及ばず、足軽・中間・小者・町人在々所々の者までも勇む事限りなし」（『翁物語』）とあるように士気の鼓舞が浸透していたのかも知れない。

そうこうするうちに、上方の状況が急を告げ始めたのであろう。九月八日付の森忠政の書状中で秀忠は、「内府（家康）より急ぎ上洛するよう申し越されたので小諸に兵を引こうと思う」と伝えている。また、配下の部将からも「上田如キ小塁ニ時日ヲ移サンハ益ナキニ似タリ、上方ノ敵コソ最務ナレ、詮スル所、三成ダニ滅亡ニ及ハハ昌幸カ如キ飛札ニテモ埒明ヘシ」といった諫言も出されていたらしいが、秀忠が上田をあきらめ小諸を出発したのは、九月十一日のことであった。

徳川軍としては、先の天正十三年（一五八五）八月とあわせ、二度の上田攻めに失敗したので、徳川家の権威と面目に関わる問題として、秀忠は出発を遅らせたように思われる。

（左）矢沢城跡から上田方面をのぞむ。右手の山が虚空蔵山、その手前を神川が流れている。第二次上田合戦の時に昌幸・幸村は、虚空蔵山に兵をかくしておき、神川をせきとめて徳川勢を迎え撃ったという。

昌幸・幸村の計略

攻める徳川勢は大軍、守る真田勢は少数。にもかかわらず昌幸・信繁（幸村）は得意の術数を駆使した戦法で徳川軍を大いに悩ませた。

昌幸・信繁はあらかじめ上田城の東方の虚空蔵山（こくぞうやま）（戸石城の南、矢沢城にも近い）に伏兵を隠しておき、また神川（かんがわ）の水をせきとめておいた。そして偵察に出かけて徳川方を挑発し、城壁近くまでおびき寄せては鉄砲の一斉射撃で攻撃。信繁のひきいる一隊が突撃して、徳川軍を押し返した。この時虚空蔵山の伏兵が側面を突いたため、徳川軍は大混乱に陥った。せきとめられていた神川の水も切って落とされ、援軍も間に合わなかったため、大敗を喫することになったのだという。（『烈祖成蹟』などによる）

奇妙なことに上田付近での大きな合戦では、神川とその周囲が常に激しい戦闘の場になっている。天文十年（一五四一）の「海野平の合戦」、天正十三年（一五八五）の「第一次上田合戦」は、ともに「神川合戦」とも呼ばれる。そしてこの慶長五年の「第二次上田合戦」も、神川や国分寺付近が主戦場になったらしい。地元の地理を知りつくした昌幸・信繁は、最も得意な場所と計略で、徳川軍を破ったのであった。

関ヶ原の戦い

慶長五年（一六〇〇）九月十五日、関ヶ原（美濃国＝岐阜県）において東西両軍は激しい戦闘をくりひろげた。徳川家康ひきいる東軍は、秀忠の一隊が間に合わなかったものの、兵力約八万。対する西軍も八万といわれたが、石田三成を旗頭としていても内実は結束力が弱く、裏切りが続出した。西軍はよく戦ったとはいえ、実質兵力は三万五千ほどだったという説もある。

西軍から東軍へ寝返りする大名が多かったこともあって、圧倒的な兵力によって東軍は勝ち進み、一日の戦闘で大勢は決した。大谷吉継（真田信繁の義父に当る）ら主だった大名は戦死、あるいは石田三成のように後にとらえられて処刑されたりして、西軍は粉砕されてしまったのである。

さて、小諸を出発した秀忠は、下諏訪を経て九月十六日、木曽の山村良勝館に宿泊した。しかし、その前日に八時間に及ぶ大激戦を展開した天下分け目の関ヶ原の戦いは終わっており、家康より先に出発していながら、秀忠はこの大事な合戦に間に合わなかった。結局、およそ八日間上田に釘付けにされたことが響いたわけで、家康はこの時秀忠に面会さえ許さなかったほど怒ったと伝えられるが、昌幸からすると、それだけでも立派に秀頼方に対する忠節は果たせ

九度山付近図

たということができよう。しかし、こうした昌幸の奮戦にもかかわらず、「関ヶ原の戦い」は西軍の敗けとなり、天下の実権は、名実共に徳川家康の掌中に移行していったのである。

高野山へ配流

「関ヶ原の戦い」後、家康は石田三成・小西行長・安国寺恵瓊等を京都六条川原に処刑したり、秀頼方についた諸大名を処分したが、それはかつてない程大規模なものであった。この時領地を没収された大名は八八家で四百十六万千八十四石、減封された大名は五家で二百十六万三千百十石で、これを合わせた没収総石高は六百三十二万四千九十四石となり、膨大な土地が家康の手に集められ、幕府直轄地となったり新規大名に宛行われていった。

こうした状況下では当然のことながら上田の真田昌幸も領地を没収され、その身も処断されるところとなった。しかし、上田領は、先の慶長五年（一六〇〇）七月二十七日付真田信幸に対する宛行状があったので、他家に渡ることなく引き続き真田氏の手中に残ることになった。したがって、真田信幸は沼田二万七千石に上田三万八千石、さらに三万石の加増を合わせ九万五千石の大名となったわけである（『寛政重修諸家譜』）。同じ『寛政重修諸家譜』によると、諏訪頼水・依田信守・同盛繁・同守直・大井政成・伴野貞吉等諏訪・佐久の諸氏が、関ヶ原戦後家康の命により上田城番となり、後に特命により真田伊豆守信幸に渡したことになっている。

徳川秀忠の行軍を阻止し上洛を遅参させた真田昌幸・信繁父子は本来なら処刑されるところであったが、徳川方についた信幸の懸命な助命嘆願が家康より容認され、昌幸父子が上田城を出発して幽閉先の高野山へ向かったのは、慶長五年十二月十三日のことであった。したがって、諏訪・佐久の諸侍が上田城在番を命じられていたのは、その前後のわずかな期間であったろうと思われる。真田信幸はこの年から名前の文字を信之と改めており、父昌幸とつながる幸の字を取ったわけで、この辺にもひたすら徳川家に忠誠を誓おうとする信幸の心情があらわれている。

〔左〕和歌山県高野町の蓮華定院。ここは古くから東信濃の武将たちと深いつながりがあり、昌幸・幸村もその縁で配流先となった。境内には信之の墓もある。

九度山での生活

高野山での真田父子の居所というと九度山（くどやま）が有名であるが、直接九度山に落着いたのではないようである。すなわち、元文年中に高野山蓮華定院（れんげじょういん）から松代へ届けられた三通の『蓮華定院書面』によると「高野より一リ麓、細川と云所ニ少之間御居住、次ニ蓮華定院、かつ又惣分中又は文殊院え所望して、九度山

ニ殿別宅ニ屋敷構、是ニ御居住被成候」「房州様（昌幸）御宅跡道場海東と申候、左衛門様（信繁）御屋敷は堂海東と申候、右之外、御家中窪田角右衛門殿・三井豊前殿・鳥羽木工殿何れも別宅屋敷被成御構候」とされており、細川から蓮華定院、そして九度山へとその居所を替えていることが判明する。このうちの蓮華定院は、中世末期から佐久・小県地方諸侍の旦那寺となっていた所で、昌幸自身天正八年（一五八〇）二月に同院を真田郷住民の宿坊と定めており、真田氏とは深いつながりを持った寺であった。

そのような関係から昌幸父子は、同院からいろいろ世話を受けていたもようである。昌幸父子が九度山に落着くことができたのも、「右屋敷高野行人方領知所ニ候故、年貢等蓮華院より相計り所持退転無候」（『同上書面』）とあり蓮華定院の儘力によるものであったように思われる。

高野山の昌幸父子は、蓮華定院ばかりでなく当地の領主浅野但馬守長晟からも恩恵と便宜を受けていたらしく、「蓮華定院書面」には、「浅野但馬様より、毎年御合力五十石参候、且又九度山の浦の川淵上下五丁の間ハ、房州様・左衛門様御遊山所ニ被遣候、依之唯今ニ至真田淵与唱、国中無其隠候」と記されている。

昌幸の高野山配流に同伴した者は、近臣一六人とされているがその供衆は、池田長門守・原出羽守・高梨内記・小山田治左衛門・田口久左衛門・窪田角左

衛門・川野清右衛門・青木半左衛門・大瀬儀八郎・飯島市之丞・石井舎人・前嶋作左衛門・関口角左衛門・同忠右衛門・三井仁左衛門・青柳青庵の一六名であった。信繁（幸村）についてはどのくらいの者が従っていったのか判明していない。しかし、信繁は妻子同伴の高野行きであり、当然近臣とそれに付随した者たちが考えられるし、昌幸の近臣に随行した者たちをも合わせると、かなりの人数が昌幸父子に随行、九度山に生活したものと思われる。

だが昌幸父子は蟄居中の身であり、生活をささえる収入源はまったくなかった。したがって、頼みとするのは国元（故郷上田のこと）の真田信之からの合力（手当金）であった。国元からは毎年一定の援助が届けられていたものと思われるが、どのくらいの金額であったかは不明である。昌幸が死去する年（慶長十六年）の小県郡和田村に残る「年貢勘定目録」には、高野山の昌幸に対する合力（援助）として五筆合計八両の支払いが明記されている。当時の和田村御料所は、定納二〇四貫九五〇文、延合一、七二一俵一斗一舛六合であったから、昌幸に対する合力分は、二七二俵（一両に付三四俵の割合）で約一五%となっている。ここからも、高野山へはかなりの合力が届けられ、それが国元の大きな負担になっていたことがわかるわけであるが、合力はこうした定額のものばかりでなく、時には臨時の合力も届けられていた。

年次不詳であるが、昌幸が臨時の合力として四〇両を要請、その半額二〇両

〔右〕和歌山県九度山町にある真田庵。昌幸・幸村の居館跡と伝え、昌幸の好きだったというボタンの花が多いことでも知られる。境内に昌幸の墓がある。

を蔵人（昌幸の三男昌親）から請取っている書状が、正月五日付で届けられている。同書状中で昌幸は、「こちらは借金が多く難儀しているので、残る二〇両も一日も早く届けてほしいし、今年の合力中の一〇枚ほどは、春の内に届けてほしい、できないなら五枚でも六枚でもよいから」と書いて来ている。

また、やはり年次は不詳であるが、四月二十八日付の書状では、「去年のように病が再発して、さんざんな状態である」と嘆くと共に、「よそから馬を所望されているので、蔵人殿の馬の中から爪のよい駒を一疋いただきたい」と馬を無心してきている。また、合力の催促に池田長門守・川野清右衛門等を江戸や国元の上田に派遣させており、国元からの定額・臨時の合力や紀伊藩主浅野但馬守からの合力を受けながらも、高野山での昌幸父子の生活は常に苦しいものであったようである。

昌幸、配流地で死去

高野山に蟄居の身となっても、しばらくの間は、昌幸にも一筋の光明があった。それは徳川幕府の要人を通して家康から赦免されることであった。慶長八年三月十五日付の信綱寺宛の書状で昌幸は、銀二匁目を贈られた礼を述べるとともに「ことしの夏は家康様が関東に下向されるようですが、私のことを本多

信綱寺宛昌幸書状。慶長8年（1603）3月15日付であるが、下山（釈放）の期待を強く持っていたことがわかる。（信綱寺蔵）

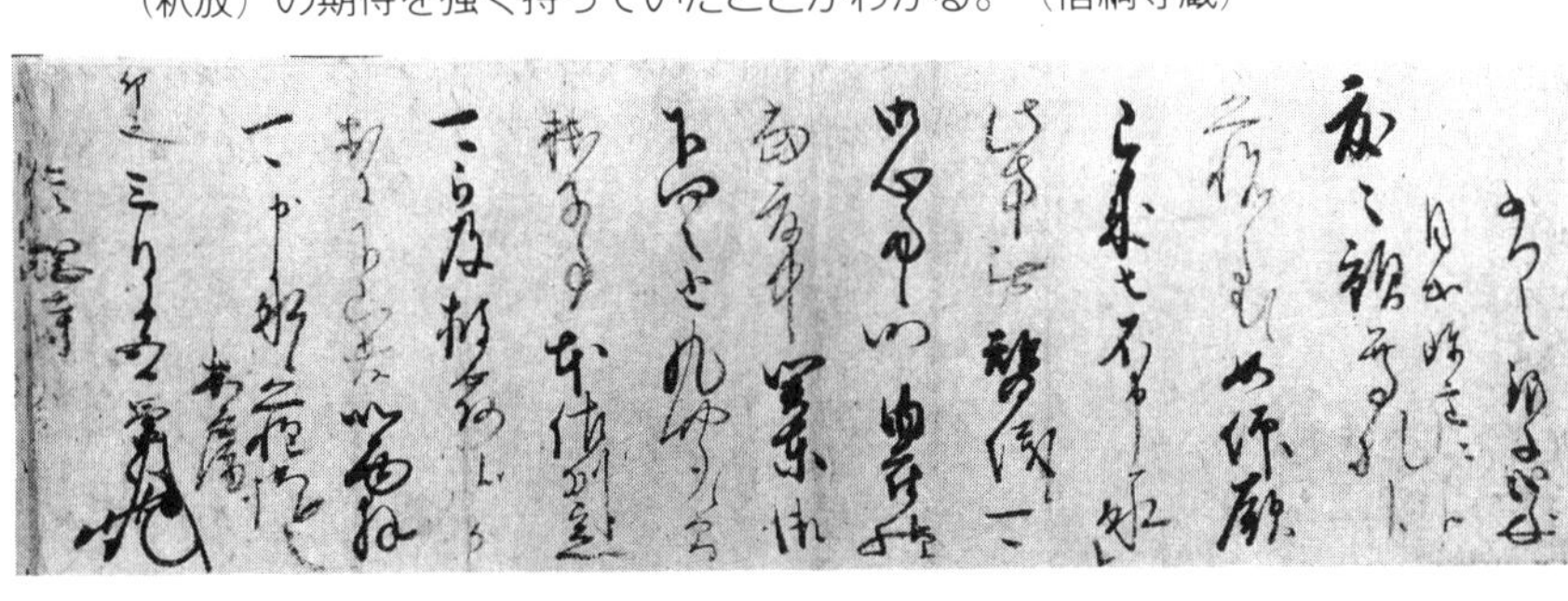

正信がお話してくださるかと思います」と本多正信のとりもちに期待し、さらに「下山したらお目にかかりたい」と願いを述べている。また、この前後と思われるが、年次不詳正月三日付の祢津神五郎宛の書状中でも「年も明けましたので、わたくしどもの下山も近づいてきたと喜んでおります」と下山が実現されるかの如き内容を書き送っている。しかし、それは昌幸の淡い願望でしかなかった。

「真田昌幸書状」（信綱寺文書）

尚々、銀子弐匁目出珎重ニ候、以上

度々預尊札候、恐悦之至候、如仰、厥幷来者不申承候、此方無替儀候、可御心易候、仍内府（家康）様当夏中関東御下向之由風聞候間、拙子事本佐州（本多正信）定可被及披露候か、於干下山者以面拝可申承候、恐惶謹言

卯之（慶長八年）三月十五日　　安房

昌（真田昌幸）（花押）

信綱寺

赦免の望みが消えてからの昌幸は、寄る年波と再々の病からかなり気落ちしていたらしく、年次不詳であるが、晩年のものと思われる書状中で昌幸は、「追而、珍しからず候へとも、はりの盆一つ－同とうさん二つ進之候」と珍しく信之に品物を届けるとともに「前の手紙にも書きましたように、こうした山

真田庵にある昌幸の墓。慶長十六年（一六一一）六月四日、昌幸は九度山で死去、徳川の大軍を二度にわたって破った英雄としては淋しい死であった。墓に接して、昌幸の霊をまつった地主権現が立っている（写真右の建物）。

の中に長いことおりますので、まことに不自由していることをお察しください」「そちらの様子をしばらく聞いておりませんので、青木半左衛門を送りました。元気かどうかお知らせください。こちらは別に変わったことはありませんのでご安心ください。ただし、この頃は年をとったので根気もなくなり、くたびれてきました。どうか万事お察しください」と書き送っている。長く不自由な配流の生活に老いくたびれ己を愚痴っぽく嘆きながらも、病身がちな信之の身を案じてわざわざ使者を送っている辺に、子を気づかう親心を見取ることができる。

慶長十六年（一六一一）六月四日、真田安房守昌幸は、九度山で逝去した。波乱に富んだ生涯であったが、この期の多くの諸将がそうであったように、昌幸の末期もまた淋しいものであった。しかし、見方によっては、国元から合力の他に、信之夫人の小松姫をはじめとして旧臣達から、鮭・白布・扇子・金子などの金品や書状が、暮・正月・節句の祝儀として届けられたり、長谷寺が半廃壊の状態にあるのを知ると修復造営を企図し、池田長門守を派遣して命じても容認してもらえる等、国元との関係もきわめて良く、また配流地にあっても、蓮華定院や紀伊藩主浅野但馬守から居住地の他、山狩・川狩等の便宜や合力を受けるなど、流罪幽閉の身としては、比較的仕合わせなものであったともいえる。

武田信玄のもとで頭角をあらわし、武田家滅亡後は、小田原北条・上杉・織田・豊臣・徳川等戦国諸大名が権勢をふるう戦国の厳しい世を、ある時は臣従し、ある時は厳然と戦い、父・兄から継承した真田家台頭の基盤を安定確立にまで高め得た昌幸の力量は、まことに非凡であった。

父の逝去を知った信之は、父を弔おうとして、本多正信にどのようにしたらよいか意見を聞いたものと見え、同年六月十三日付で正信は、「あなたの気持はわかるが、昌幸は『公儀にはばかる人ですから』幕府の許可を得て弔うように」と勧めている。子として親の死を悲ろに弔おうとするのは、自然な情愛であるが、やはり昌幸は流罪人であり、公儀を憚らなければならない人であった。城景茂が、昌幸の死を弔問した信之宛の書状で、「たとえかたわニ御成候共、御家のつゝ(続)き候やうに御い(生)き候て下さるべく候」と述べているのは、まさに当を得た、厳しい現実をあらわしたことばであり、九万五千石の大名であっても、自由な親子の情愛の発露も、強大な幕府権力の前には許されぬものであったわけである。

五　幸村　大坂の役で奮戦

義烈の将・真田幸村

九度山からの幸村の書状。年次不詳で９月20日付、宛名を欠く。「追って一度面を以て（お会いして）一折興行望み居り候（連歌を興行したいものですが）」とか、「万事推量有るべく候」と相変らずの窮乏生活を送っていることなどが述べられている。（上田市・長井氏蔵）

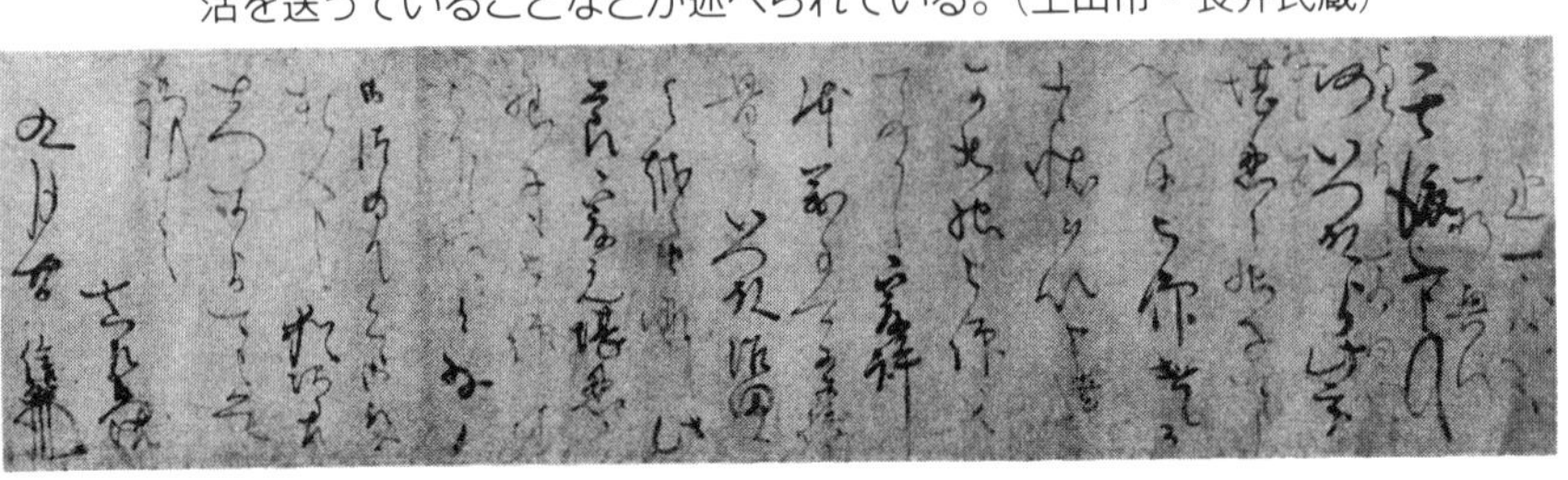

徳川と豊臣の対立

大坂の役で活躍し、後世に名を残した真田幸村。本名を信繁というが、死後に幸村の名で広く知れ渡ったので、本書でも主としてこれを用いることにする。幸村は永禄十一年（一五六八）生れ、幼名源二郎、弁丸ともいう。左衛門佐と称し、手紙などではそのように書いていることが多い。

さて、昌幸の死後も幸村は九度山で相変らずの蟄居生活を送っていた。その淋しさがにじみ出る手紙もいくつか残されている。

この幸村にも、活躍の場がめぐってくる。慶長十九年（一六一四）から二十年にかけての大坂の役（冬の陣・夏の陣）である。それは徳川氏と豊臣氏の対立が原因であるが、もともとは、徳川家康が以前から目ざわりだった豊臣秀頼を排除しようとしたことに求められる。

慶長五年（一六〇〇）の関ヶ原の戦いで勝利した家康は、完全に天下を掌握し、八年には征夷大将軍となり、江戸に幕府を開く。秀忠に将軍職をゆずったあとも大御所として実権を握っていた。そして何かにつけて秀頼を圧迫し、追いつめたのである。

慶長十九年に入り、京都大仏開眼供養に関わる鐘銘事件から江戸徳川幕府と大坂の豊臣秀頼方との関係が急速に悪化し、一戦が避けられない状況になってきた。そこで当然のことながら、秀頼方ではかつて秀吉の恩顧を受けた諸大名や浪人たちに大坂方への味方を呼びかけた。

ナゾの名、幸村と信繁

昌幸の次男、すなわち信幸の弟が、有名な幸村である。ところが、今のところ真田関係の信頼すべき史料には「幸村」という名前は一切現われず、昌幸の次男で信幸の弟は「信繁」となって出てくる。つまり本当は「信繁」でなくてはならないのに、いつの間にか「幸村」となってしまったのである。

このナゾについては、かなり以前から検討されているが、現在はまだ明らかになっていない。おそらく江戸時代の講釈などで幸村と語られ、それが「立川文庫」に継承されたため、幸村となってしまったのではなかろうかと想像されている。

しかし「幸村」の方が一般的となってしまったため、本書もこの名を併用することにしたが、史料的にはあくまで「信繁」であることをお断わりしておきたい。

幸村・大助父子、大坂入城

こうした秀頼方からの誘いの手は、高野山（九度山）に蟄居してすでに十四年の歳月をかぞえていた真田幸村のもとにも届いた。かなり厚遇を以ての勧誘であったらしく、「当座の手当金として、黄金弐百枚、銀卅貫目」（『駿府記』）とも「五拾万石の御約束にて」（『大坂御陣山口休庵咄』）とも伝えられている。当座の手当金としての黄金弐百枚・銀卅貫目は、小判にして約二、四〇〇両（一枚が約九両、銀四五〇匁として）、米にしておよそ六、〇〇〇石（一石が約二〇匁として）となり、莫大な金額である。

幸村・大助父子は、慶長十九年（一六一四）十月九日九度山を出発して大坂に向かった。出発に際し幸村は、紀伊の浅野長晟の目をはばかり、九度山付近の庄屋・年寄・百姓達を残らず振舞に招き寄せ、百姓達が酒に酔いつぶれて寝こんだすきに、百姓達の乗ってきた馬に荷物をつけ、こっそり九度山を出たとも伝えられる（『武辺咄聞書』）。しかし、この時の随行者には、青柳千弥・高梨采女（大助家老）・三井豊前等の近臣・一族郎党の他に、九度山付近の村々から高野庄官家の名倉村亀岡師・中飯降村高坊常敏・田所庄右衛門・政所別当中

真田の抜穴跡。幸村が築いた出丸は真田丸と呼ばれたが、今は真田山公園になっている。ここに幸村が掘った抜穴といわれるものがあり、名物とされている。真田の抜穴はあちこちにあって、伝説の根深さを物語る。

橋弘高・学文路村地士平野孫左衛門・丹生川村地侍小松盛長等多数の地侍が加わっており（『九度山町史』）、幸村と九度山近辺の地侍・百姓とはかなり友好的な関係にあったように思われる。

大坂に入った幸村は、本城に入らず「真田左衛門ハ如何ニ存ジ候や、玉造口御門之南、東八町目之御門の東一段高き畑御座候を三方ニから堀をほり、塀を一重かけ、塀の向とから堀の中と堀きわにさくを付け、所々矢倉せいろうを上げ、塀のうで木の通りニはゞ七尺の武者ばしりをいたし、父子の人数六千余人ニて篭り申し候」（『大坂御陣山口休庵咄』）と本城の南に出城（真田丸ともいう）を構築し、決戦に備えた。現在この場所はその大部分が真田山公園として残され、野球場・テニスコート・プール等も設置されて、天王寺区民の憩いの場となっている。

冬の陣、真田丸での勝利

幸村が九度山を出立するより前、江戸幕府は信濃・甲斐・関東等の諸大名に大坂出陣の準備をし江戸に参陣するよう命じている。これに対し真田信之は、病気ゆえ参陣できない旨を上申したらしく、江戸幕府から慶長十九年十月四日付で、信之が病気で不可能なら息子の信吉を参陣させるよう命じている。結局、病気の信之は国元から江戸に出仕して残留し、かわりに長子河内守信吉と次子内記信政が、矢沢頼幸・鎌原重宗らの重臣を後見役として、将軍徳川秀忠に随行し大坂に向かったわけである。若年の信吉の身を案じた信之は、十一月四日付で随行した重臣矢沢但馬守頼幸に書状を送り、「何事も無油断肝煎頼入候（中略）河内守（真田信吉）ハ若く候間、万其構へ有之間、何事ニも可被入念事専一ニ候、菟角此時候間、被入精可給候」とその扶助を頼んでいる。

十月二十三日に江戸を出発した将軍秀忠の軍は、十一月十一日京都に着き、ついで十一月十七日に大坂天王寺に到着していた。一方、秀頼方では天王寺に続々と集結しつつある徳川勢をみて、体制の整わないうちに出撃し、これを打ち破るべきだと主張する新参衆（この主な者は、長曽我部宮内少輔・真田左衛門佐（幸村）・森豊前・仙石豊前秀範・後藤又兵衛・明石掃部等）の意見は、秀頼の側近大野修理治長等により退けられ、篭城して戦うことになった。

慶長十九年（一六一四）十二月四日早朝、加賀の前田越前守利常の先手本多安房守政重・山崎長門守が手勢をひきつれ、真田丸堀際へ押し寄せた。これを見た井伊掃部頭・松平忠直・藤堂和泉守等の諸隊も「すわや城を乗取ハと、我おとらじと騒立、楯や竹束も取るや取らずにて、皆城際へ取寄る。其折節、城中石川肥後守（康勝）が持口の矢倉より失火出来、黒煙天をかすむ。是を見て、越前の先手本多丹下・本多伊豆守・落合美作守以下、いずれも柵を踏み破り、堀へ飛び込み攻登る。井伊掃部先手の大将木俣右京亮采を取て、真先に乗らんと堀へ飛潰り攻上る。真田丸へハ加賀勢取詰め候を真田左衛門佐・伊木七郎右衛門下知して、目の下に見下し、弓・銕(鉄)炮にて打ち立つる事雨の降るごとし、城中是にさハひて、青木民部少輔・伊藤丹後守・野々村伊与守・真野豊後、何も七組を加勢として、南の手へ加はる、城中是にいきほひ走り、やくら・高櫓狭間裏より打ち立ル故ニ、寄手ハ竹束ハなし、只的に成て打るゝ程に、手負死人数を知らず」(『大坂御陣覚書』)

と徳川方は統制のとれないまま城際に殺到して多数の死傷者を出して退却せざるを得なかった。

徳川方の幸村勧誘工作

慶長十九年(一六一四)十二月四日の戦いは、秀頼方の勝利に終わったわけであるが、徳川方はひき続き大坂城を包囲しながら城中の織田有楽・大野修理治長等に働きかけ和議を図った。その結果十二月十八日に二の丸・三の丸の堀を埋め立てるという内容で和議が成立し、徳川方は撤兵した。幸村もせっかく構築した真田丸を出て大坂本城に入らざるを得なくなった。

徳川方はこうした和議交渉を進める一方で、十二月四日の戦いで大坂方にあ

上田駅前に立つ幸村のブロンズ像、田村興造作。徳川軍を撃破する勇将として、地元、上田での人気も高い。

って最も大きな働きを示した幸村の勧誘工作にのり出していた。勧誘工作の責任者には、家康の側近本多正純がなり、直接交渉には幸村の叔父真田隠岐守信尹（これより前十一月三日に家康より大坂陣中目付役に任じられている）があたった。『慶長見聞書』によると、徳川方は幸村勧誘の条件として十万石を提示したが、幸村は「高野ニテ乞食之躰ニ罷り成候処を秀頼様より召出され、一曲輪仰せ付けられ、有難き仕合ニ候間」たとえ「千石下され候ても」味方になるわけにはいかないと拒絶した。するとしばらくして本多正純方から「信濃一国下さるべく候間、御味方に参り候へ」と言ってきたが、幸村は腹を立て、使者真田信尹にあわなかったという。

先に成立した和議により、大坂城の二の丸・三の丸の堀埋立は突貫工事で進められ、慶長二十年（一六一五）一月二十四日頃にほぼ完了した。堅牢を誇った大坂城も本丸だけの平凡な城になってしまったわけである。しかし、この二、三ヶ月が、大坂篭城衆と幸村・大助父子にとっての最後の平穏な期間となった。この間、幸村と国元（上田）の肉親との交信がかなりあったらしい、これ等の書状は幸村の人柄と当時の心境を知る絶好の史料である。はじめに原文を掲げ、その後に口語訳を訳しておく。

「真田信繁書状」（小山田文書）

たより御さ候まゝ一筆申あけ候、さても〳〵こんとふりよの事ニて、御とりあひニ成申、われ〳〵こゝもとへまいり申候、きつかいとも御すいりやう候へく候、たゝし、まつ〳〵ひすミ、われ〳〵もしに申さす候、御けさんニて申たく候、あすにかハり候ハんハしらす候へとも、なに事なく候、しゆせん（小山田主膳之知）とのニもさい〳〵あひ申候へとも、ここもととりこミい申候まゝ、心しつかに申うけたまわらす候、こゝもとなに事もなく候まゝ、御心やすく候へく候、くハしく申たく候へとも、此ものいそきたちなから申入候まゝ、さう〳〵申候、かさねて申入候へく候、かしく、

正月廿四日　さへもんのすけ（真田信繁）

むらまつへ

まいる

（口語訳）

お伝えしたいことがございましたので、一筆申しあげます。さて〳〵今度、思わぬことから合戦となり、わたしたち（信繁・大助父子と一族郎党）もこちら（大坂城）へまいりました。おかしなことと思われたことでしょう。しかし、まず〳〵無事にすみ、わたしたちも死なないですみました。お目にかかって申し上げたいと思います。あすはどうなるかわからない情況ですが、いまは何事もありません。主膳殿（小山田之知）にも時々

おあいしますが、こちらがとりこみ忙しがっていますので、ゆっくりお話もできませんでした。こちらはかわったこともありませんので、ご安心ください。くわしく書きたいのですが、この者（使者であろう）がいそいでいますから、あわてて書きました。またお手紙をさし上げます。かしく

この書状は、小山田壱岐守茂誠（武田家滅亡後真田の家臣となっていた）に嫁いでいた姉むらまつに宛てたものである。この姉の本名は不明であるが、村松郷（現、小県郡青木村）に所領を持っていたところからの呼称ともいわれている（『長国寺殿御事蹟稿』）。おそらく、この書状は、大坂冬の陣の際、真田信吉・信政等に随行し、戦後時々幸村（信繁）を訪問していた茂誠の子小山田主膳之知に託されたものと思われる。「此ものいそぎたちながら申入候まゝ」は、上田に帰陣する間際に之知から遣わされた使者をさしているのであろう。大坂入城からの状況が、きわめて簡潔に書かれているが、そんな中にも、肉親に対するこまやかな情愛と、当時の幸村の多忙な様子がにじみ出ている。

人柄のよく出た書状

「真田信繁書状」（岡本文書）

返々、おほしめしより御飛札恭候、久々か様之住居ニて候へは、何か

たよりも見舞便状ニもあつかり候ハんとも不存候、御手前など御心中更々可有御志等候とも不存候、神そく其分ニ候、切々人ヲ御越候儀御無用にて候、御用之事も候ハヽ無隔心可申入候、菟角々々年之より申候事口惜候、我々なとも去年より俄ニとしより、事之外病者ニ成申候、はなともぬけ申候、ひけなともくろきハあまり無之候、今一度遂面上存候、以上、

遠路預御飛札候、如仰、当はる御慶不可有尽期、仍為御祝儀鮭二尺、被懸御意候、恭次第候、乍去許萬方御手透も有間敷処、御隔心之至、却而迷惑いたし候、然ニ其方何も相替儀無御座候由、市右物語具承致満足候、此方ニおゐても無事ニ御座候、うそかちけたる躰市右物語可被申候間、委申入候ニも不及候、もはや懸御目候事有間敷候哉、いつも〳〵申しつくし候、猶市右可被申候、恐々謹言、

二月八日　真（真田）好白

信繁（花押）

壱岐守（小山田茂誠）殿

御報

（口語訳）

遠路お手紙ありがとうございました。仰せのように当春は幾久しくおめでたく存じます。さて、御祝儀として鮭二尺（匹）いただき、お心使いかた

幸村画像、筆者等不詳。兄信之に「物ごと柔和忍辱にして、強しからず」と評されたように、おだやかな顔に描かれている。（上田市・小宮山氏蔵）

じけなく存じます。いろ〳〵とお忙しいでしょうに、ご配慮いたゞき、かえって恐縮いたしております。そちらもお変わりない由、市右衛門からくわしくうけたまわり満足しました。こちらも別にかわりはありません。こちらのうそかじけたる様子は、市右衛門が申し上げるでしょうから、くわしいことは書きません。もはやお目にかかることはないでしょう。いつも〳〵そちらのことを話しあっております。なおくわしくは市右衛門が申し上げると思います。恐々謹言、

（追伸）かえすがえすお心をかけてくださり、お手紙かたじけなく存じます。久々にこのようなところに住んでおりますと、誰れからもお便りをいたゞこうとは思いませんし、あなた様からこのようなお心づかいをいたゞこうとは思いもよらぬことでした。私のところへなど、時々人をよこしていたゞくことはご無用に存じます。用事がありましたらこちらから申し入れますから。とにかく、年をとったことが口惜しく存じます。わたしどもも去年から急に年寄り、ことのほか病身になってきました。歯などもぬけましたし、ひげなども黒いところはあまりなくなってきております。今一度おあいしたいと存じております。以上、

この書状は、義兄小山田茂誠からの、予期せぬ贈り物と書状に対する礼状である。この書状では、本文より追伸文に幸村の人柄がよく出ているように思わ

れる。「切々人ヲ御越候儀御無用にて候」と茂誠からの使いをことわっているのも、自分のことから相手に迷惑をかけてはとする心づかいからであろうし、「菟角々々年之より中候事口惜候、我々なとも去年より俄ニとしより、事之外病者ニ成申候、は（歯）などもぬけ申候、ひけなどもくろきハあまり無之候」は、幸村の心ゆるせる者に対する嘆きであるが、自己の姿と心情を素直に表現しているあたりに、幸村の人柄を見る思いがする。

決死の覚悟を秘めて

「真田信繁書状」（長井彦助氏所蔵文書）

父子（信繁・大助）事御安事、（堀田）作兵衛方迄御尋尤候、我等籠城之上ハ、必死に相極候間、此世にて面談ハ有之間敷候、何事もすへこと心に不叶き候共、御見捨無之やうに頼入候、委者惣右可申候、謹言

二月十日　　真（真田信繁）左衛門佐（花押）

石合十蔵殿

（口語訳）

私ども父子のことをご案じになり、作兵衛方までおたずねになられたとのこと。もっともなことでございます。わたしども篭城の上は必死の覚悟で

おりますから、この世で面談することはもうないかと存じます。この末いろいろとお心にかなわぬことがございましても、どうかお見捨てなきようお頼み申します。くわしいことは惣右衛門が申し伝えます。謹言、

この書状の宛人石合十蔵は、幸村の長女の婿である。堀田作兵衛の娘が生んだこの長女は、作兵衛の養女となり石合十蔵に嫁いでいたわけである。この書状には、決死の覚悟を決めた父親の、娘に対する情愛が、ほとばしり出ている。

「真田信繁書状」（小山田文書）

尚々、別帋ニ可申入候へとも、指儀無之候、又御使如存候、少用取乱申候、早々如此候、何も追而具申入候、以上

遠路預御使札候、其元相替儀無之由、具承、致満足候、爰元おゐても無事ニ候、可御心安候、我等身上之儀、殿様御懇比も大かたの事ニてハ無之候へとも、萬気遣のみニて御座候、一日〳〵とくらし申候、面上ニならて委不得申候間、中々書中不具候、様子御使可申候、当年中も静ニ御座候者、何とそ仕、以面申承度存候、御床敷事山々ニて候、さためなき浮世ニて候へ者、一日さきハ不知事候、我々事なとハ浮世にあるものとハおほしめし候ましく候、恐々謹言、

三月拾日　真（真田）左衛門佐

小壱岐（小山田茂誠）様　　信繁（花押）
同主膳（之知）殿
御報

（口語訳）

遠路ご使者とお便りありがとうございます。そちらはお変わりもない由、くわしくうけたまわり満足いたしております。こちらも無事ですからご安心ください。わたしの身の上のことですが、殿様（秀頼）のご懇意がひとかたならないのはよいのですが、いろいろと気苦労ばかりしております。一日一日と暮らしております。お目にかかってでないとくわしいことは申し上げられません。手紙ではいろいろと申し上げられませんが、お使者が申し上げることと思います。当年中何もないようでしたら、何とかお目にかかりたいと存じます。知りたいことがたくさんあります。しかし、さだめなき浮世のことですから一日先のことはわかりません。わたしたちの事などは浮世にあるものとは思わないでください。恐々謹言、

（追伸）なお、御両人別々にお手紙をさし上げるべきですが、さしたることもございませんし、また御使者がご存知だと思いますが、少し取り乱れておりますので、とりいそぎこのようにしたためました。いずれおってくわしくお知らせいたします。以上、

この書状は、義兄と甥からの書状に対する返書であるが、この当時の大坂城内における幸村の立場と、すでにかなり緊迫してきていた情勢をくみとることができる。冬の陣での武勇、温和な人柄、門地の良さ等からか、当時、秀頼の幸村に対する信頼と寵愛は、ひとかたならぬものであったらしい。それだけに、ねたみ、そねみの目も多く、気苦労が多かったものと思われる。また、そうした立場にあったればこそ、最期の近づきつつあるのをいち早く察知していたのであろう。「我々事などハ浮世にあるものとハおほしめし候ましく候」とする文言は、それを裏付けている。

これらの書状からは、後に家康の本陣に突撃し、家康の肝胆を寒からしめ、敵将をして「日本一のつわもの」といわしめた武将の姿は想像できない。幸村は武将である前に、ひとの心を大事にし、おのれをいつわらない、きわめてころ豊かな一個の人間であったのである。兄信之の幸村評と伝える「左衛門佐、天下に武名をあらわしたるは道理なり。生得の行儀振舞、平生躰の人とは違いたる処多かりしなり。物ごと柔和忍辱にして、強しからず、ことば少なにして、怒りはら立つ事なかりし。」(『幸村君伝記』)は言い得ているように思われる。

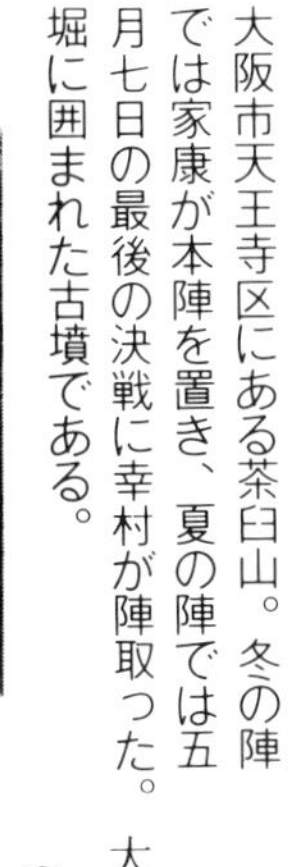
大阪市天王寺区にある茶臼山。冬の陣では家康が本陣を置き、夏の陣では五月七日の最後の決戦に幸村が陣取った。堀に囲まれた古墳である。

夏の陣、家康を追いつめる

慶長二十年（一六一五）五月六日、徳川方は二手に分かれ、河内口（八尾）と大和口（奈良・京都）から進軍し、道明寺付近で落ち合うことになっていた。（この戦いにも真田信之は参加せず、前年同様、信吉・信政兄弟が参陣し、河内口の井伊掃部頭直孝のもとに随行していた）これに対し、秀頼方は城を出て二つの口から入ってくる徳川軍を迎撃する策に出た。すなわち、大和口には後藤又兵衛・薄田隼人・毛利勝永・真田幸村等が、河内口へは木村重成・長曽我部盛親等が出撃したわけであるが、互いの連絡・統制がとれていなかったらしく、幸村が道明寺付近に到着した頃には、後藤又兵衛・薄田隼人等はすでに戦死し、秀頼方は混乱状態となっていた。それでも真田幸村軍は、伊達政宗軍を相手に必死に奮戦したが、河内口の木村重成軍の敗戦の報と大野修理治長からの退却命令が届き、この日は大坂城に退いた。

翌七日いよいよ決戦の時がきた。この日の戦いについては、いくつかの戦記物があるが、しばらくは、秀頼方として参戦した山口休庵の記事にしたがってみることにしたい。

「同七日早天、真田左衛門茶うす山に赤のほりをたて、一色赤装束にて居申

真田幸村戦死跡之碑。手傷を負い疲れ切って横になっているところを、越前松平隊の鉄砲頭に首を取られたという。

候、茶磨（臼）山の少し東に真田大助同赤印にて居り申候、其東ニ森豊前、基次ニ大野修理・同主馬・其東ニ織田雲正寺（頼長）居り申候、朝一番の合戦ハ、越前衆へ真田大助切り掛り、其後雲正寺横あいニ掛り、大野修理・明石掃部のほうも入乱れ、越前衆つ（突）きつぶし申候、二度目の合戦ハ、森豊前一番に越前衆につきかゝり、真田大助横あいにかかり申候、其時もはや雲正寺ののほりハ一本も見へ不申候、討死致され候も落られ候も終知不申候、大野修理・同主馬も大坂へ引取申候、のほり一本もみへ不申候、此時真田大助ののほり西のかワへ少しなだれ申と、真田左衛門（幸村）、茶らす山より貝を弐つふ（吹）き下知いたし、親子の勢一つになり、敵を四五町（四〇〇～五〇〇m）おいまくり候所、御旗本衆と相見へ、あらてにて一むれ／＼追々に真田備へ乗込、たかへ（瓦）においまくりおいもどされ、せめ合候内に、もはや大坂八町目筋の方、はう／＼に火の手見へ由候、私事ハ真田手へ秀頼公御側衆参リ候ニ付、天王寺表へ罷り出、二度目の合戦より此時迄、真田後詰に罷在候へとも、最早真田備もくづれ、大坂に火のて上り候故、何もおもひ／＼に落行申候、」（『大坂御陣山口休庵咄』）と真田幸村軍もくずれていった。

　この時幸村は、大助を呼び寄せ、幸村を頼り付随してきた秀頼側衆を無事大坂城中に送り届けこれを守るよう命じ、自身は決死の覚悟であることを伝えたものと思われる、大助は無事城中に入った。

幸村の戦没地とされる安居天神。大阪市天王寺区にある。

その後、幸村は、「真田幸村十文字の鎗を以て、大御所（徳川家康）を目掛け戦ハんと心懸たり、大御所、とても叶はずと思し召し、植松の方へ引退き給ふ」（『本田家記録』）「御所様（徳川家康）之御陣へ真田左衛門仕かゝり候て、御陣衆追ちらし討ち捕り申候、御陣衆、三里ほとつゝ逃げ候衆ハ、皆生きのこられ候、三度目ニさなた（真田）もうち死ニにて候」（『後編薩藩旧記雑録』三二）と記され、徳川家康の本陣に突撃し、獅子奮迅の働きの後壮烈な討死にをとげたことがわかる。

伝説を生んだ奮戦

こうした真田幸村の働きに対しては、敵側徳川方からも「真田日本一之兵、いにしへよりの物語ニも無之由」（『後編薩藩旧記雑録』三二）「真田左衛門佐（幸村）合戦場に於て討死、古今これなき大手柄、首ハ越前宰相（松平忠直）殿鉄炮頭取り申し候」（『細川家記』十四忠興八）と最大級の讃辞が贈られている。

一方、父幸村から城に篭り豊臣秀頼を守るよう命じられた大助は藤井寺の戦いで奮戦し、高股に傷を負っていた。その大助にもにも最後の時がきた。『大坂御陣覚書下』によると、このとき速水甲斐が大助に「あなたの家は代々豊臣家に仕えていたわけではないのだから、ここで秀頼様の御先途を見届けるには及ばない。とくにまだ年も若いのだし、落ちのびて生きながらえなさい」とすすめたけれども、大助は父幸村のことばを守り、慶長二十年五月八日秀頼に殉じ、自害してはてた。

宿命ともいうべき生涯を積極的に生きぬいた父子のさわやかな死であったが、後に幸村は『真田三代記』（江戸中期頃か）その他数多くの物語・小説等により悲劇の英雄として紹介され、全国にその名を知られるようになった。幸村・大助父子は、死してその名を高めたわけである。

真田十勇士と忍者伝説

猿飛佐助、雲隠才蔵、……ごぞんじ、真田十勇士。幸村に仕えて戦乱の世に大活躍し、人々の夢とロマンをかきたててきた。その実在は確認されておらず、想像上の人物といわれるが、計略が得意だった真田一族にふさわしく、またそれだけの舞台があったといえよう。

真田十勇士

京都市龍安寺（大珠院）にある幸村の墓。幸村の娘が石川備前守に嫁いでいて、大珠院が菩提所であったため、石川氏がこの地に建立したもの。

十勇士とは、猿飛佐助、霧隠才蔵、三好清海入道、三好伊三入道、穴山小助、由利鎌之助、筧十蔵、海野六郎、根津甚八、望月六郎の十人。このうち、江戸時代中期に成立したといわれる『真田三代記』にはそのうちの何人かが既に顔を出している。真田一族の武勇とともに、多くの勇士たちが早くから語り伝えられたのである。

猿飛佐助や霧隠才蔵は、明治時代には早くも講談などに登場してくるが、圧倒的な人気を博するようになるのは大正期に大坂で出版された「立川文庫」からである。初めは『真田幸村』に「忍術の達人」として出てきて、のちに『猿飛佐助』が爆発的に売れたことから、次々と出版されていった。立川文庫では他にもたくさんの人物が主人公になっているが、なぜか真田幸村や真田十勇士の話ばかりが、のちの人々に強い印象として残った。十勇士は初め七勇士とされたが、後では十勇士に固定する。あちこちの本に登場するので、いくらかちがった性格で描かれたりする。

猿飛佐助　甲賀流忍術の名人。十勇士の筆頭で、立川文庫の中ではあちこちで活躍する。鳥居峠（真田町）の山中で修業しているところを戸沢白雲斎（戸沢という集落が現真田町にある）に認められて忍術を学ぶ。鳥居峠に猪狩りに来た幸村と出会って臣従する。

霧隠才蔵　伊賀流忍術の達人。百々地三太夫に学んで秘術を授かる。猿飛佐助と出会って忍術くらべをやり、兄弟分となって幸村のもとへくる。華麗な容姿で、神出鬼没の活躍をする。

三好清海入道　真田昌幸と親戚で、その縁で幸村に仕える。元出羽国の亀田城主。怪力の大男で、鉄棒を振りまわして敵をなぎ倒す。

三好伊三入道　清海入道の弟で、元矢島城主、為三とも書く。兄にさそわれてやはり上田へ来る。豪胆の持ち主である。

このほかに　**穴山小助**、**由利鎌之助**、**筧十蔵**、**海野六郎**、**根津甚八**、**望月六郎**も加えて、つごう十勇士。いずれも力が強く武術にすぐれ、また正義感にあふれた好漢として描かれる。幸村には六人の影武者があったとされるが、穴山、根津などもその一人として活躍した。十勇士のうち海野・根津（祢津）・望月は、滋野系の三家の名をとったものであろう。

忍者伝説の背景

十勇士のうち一番人気のあるのは、猿飛佐助・霧隠才蔵という二人の忍者。縦横無尽の活躍に当時の少年たちは喝采を送り、自分たちの夢を重ねた。この二人の忍者　忍術使いの人気は映画や小説にも取り上げられ、日本人の文芸の中に定着していった。

真田町の鳥居峠から四阿山をのぞむ。このあたりは山が深く霧がよく発生する。猿飛佐助は鳥居峠のあたりで修業したといわれるが、そんな伝説が生まれても不思議はないようなところである。

こうした忍者の話が作られていくのには、それなりの背景もあった。徳川家康は多数の忍者群を擁して謀略戦を勝ち抜いたといわれるし、武田信玄も忍者を用いるのが巧みだったという。信玄の戦法をうけついだ真田氏が、秘かに忍者を活用したとしてもおかしくない。さすがの信玄も敗戦を喫した戸石城や、難攻不落を誇った岩櫃城・沼田城等を、たちまち陥落させた真田氏。徳川の大軍を二度も破り、大坂の役でも胸のすくような活躍をみせた真田氏。それは一般からみれば、神変不可思議な存在ともいうべきであった。忍者、あるいは十勇士のような伝説がつきまとうのは当然ともいえよう。

猿飛佐助が修業したという鳥居峠、またその麓の角間渓谷（真田町）は、いかにも忍者が飛びはねたような場所に見える。そして今、猿飛佐助修業の地、などといわれるところがあちこちにある。霧隠才蔵が「霧隠れの術」を身につけたとされるのが、神川の清流にかかる千古の滝（淵）。

こうした忍者伝説とは別に、真田町の四阿山を中心とした山岳宗教、修験道が栄えていた、という背景もある。四阿山は山家神社とともに神仏混淆の修験道の聖地であった。山家神社は古くは白山寺とも呼ばれ、そのずっと奥の岩井堂や角間渓谷の岩屋堂なども含めて、大きな修業の場を形成していたと思われる。さらに山脈を越えて上州側でも、吾妻郡の三原（嬬恋村）に修験の一大根拠地があったという。これらの勢力を真田氏は巧みに取り入れ、自らの支配地を拡大していったものと推測される。

いうまでもなく忍者は、もともと山岳宗教や修験道から生まれてきたとされる。言語を絶する苛酷な修業の果てに会得する悟りの心境や秘術は、忍者と同様のものであったろう。

こうした修験道の実態については、まだよくわかっていないところも多く、忍者と同様にこれからの解明をまたなければならない。しかしそれだけに、いつまでも私たちの想像をかきたててやまないものがあるといえよう。

六　信之と上田城

治政の将・真田信之（大鋒寺蔵）

旧藩主邸跡。真田氏以下代々の上田城主はここに住んだ。信之が上田領主になった時に上田城は破却されたため、この館を本拠に領内を統治した。現在は上田高校の敷地となっているが、堀と門が面影をよくとどめている。

信之、近世大名として歩む

関ヶ原の戦いで徳川方についた恩賞として、真田信之(のぶゆき)は三万石を加増され、沼田領および上田領合わせて九万五千石の大名となった。父子・兄弟が別れ別れになって戦うことになったのだが、予想通り真田の家は後世に立派に伝わることになったわけである。

真田信之、本来は信幸であったが、関ヶ原戦後に信之と改める。永禄九年（一五六六）生れ、幼名は源三郎。伊豆守を称した。

信之の夫人・小松姫は徳川家康の重臣本多忠勝の娘で、家康の養女として嫁いできた。これによって徳川とのつながりが強くなるが、家康の関東移封の折に、信之が支配する沼田が家康の配下に置かれたこととも関係があろう。

信之は慶長五年（一六〇〇）に上田領主となってから元和八年（一六二二）に松代へ移封されるまで、二十二年間にわたりこの地を支配した。その後は松代領主として九十三歳の天寿をまっとうする。真田家は幕末に至るまで信濃の雄藩として続くわけだが、全国でも江戸時代を通じて一国に終始した大名はめずらしい。このような近世大名としての真田氏の基礎を築きあげたのは、戦国末期の乱世を巧みに切り抜けた信之だったのである。

信之の上田城修築

真田昌幸父子が高野山に送られたのは、慶長五年十二月十三日であり、そのとき上田城は廃城となった。この廃城が改めて信之に与えられたのは数年後で「寛政重修諸家譜」によれば、慶長九年（一六〇四）まで依田肥前守が城番をつとめているから、他の城番もその頃までいたのであろう。しかし、藩政はすでに真田家によって行われたことは、慶長六年以来領内に真田信之（この頃信幸を信之と改める）の朱印状がしきりに発せられているので明らかである。

信之は居城である上州沼田や江戸屋敷にいて、上田へは重臣を代官として派遣したに過ぎない。上田は東山道の通っていた昔から、交通上・軍事上の要衝であるが、幕府は真田氏による再建を好まなかった。それは、上田城で徳川軍が天正十三年（一五八五）と慶長五年（一六〇〇）の二回にわたって大敗したので、徳川家にとって不吉の城であったからである。信之とすれば、高野山に配流された父昌幸らの釈放を念願していることでもあり、つとめて恭順の意を表わさなければならないので、城の再建などは考えず、ただ信之が上田へ出張のときの館（やかた）として旧城の外郭にささやかな構えを設けた（これがのちの城主館、今の上田高校の地である）。

上田古図。天正年間の昌幸築城当時のようすを伝えるといわれるが、関ヶ原の戦いの後に破却された状況も加味されているようである。（上田市立博物館蔵）

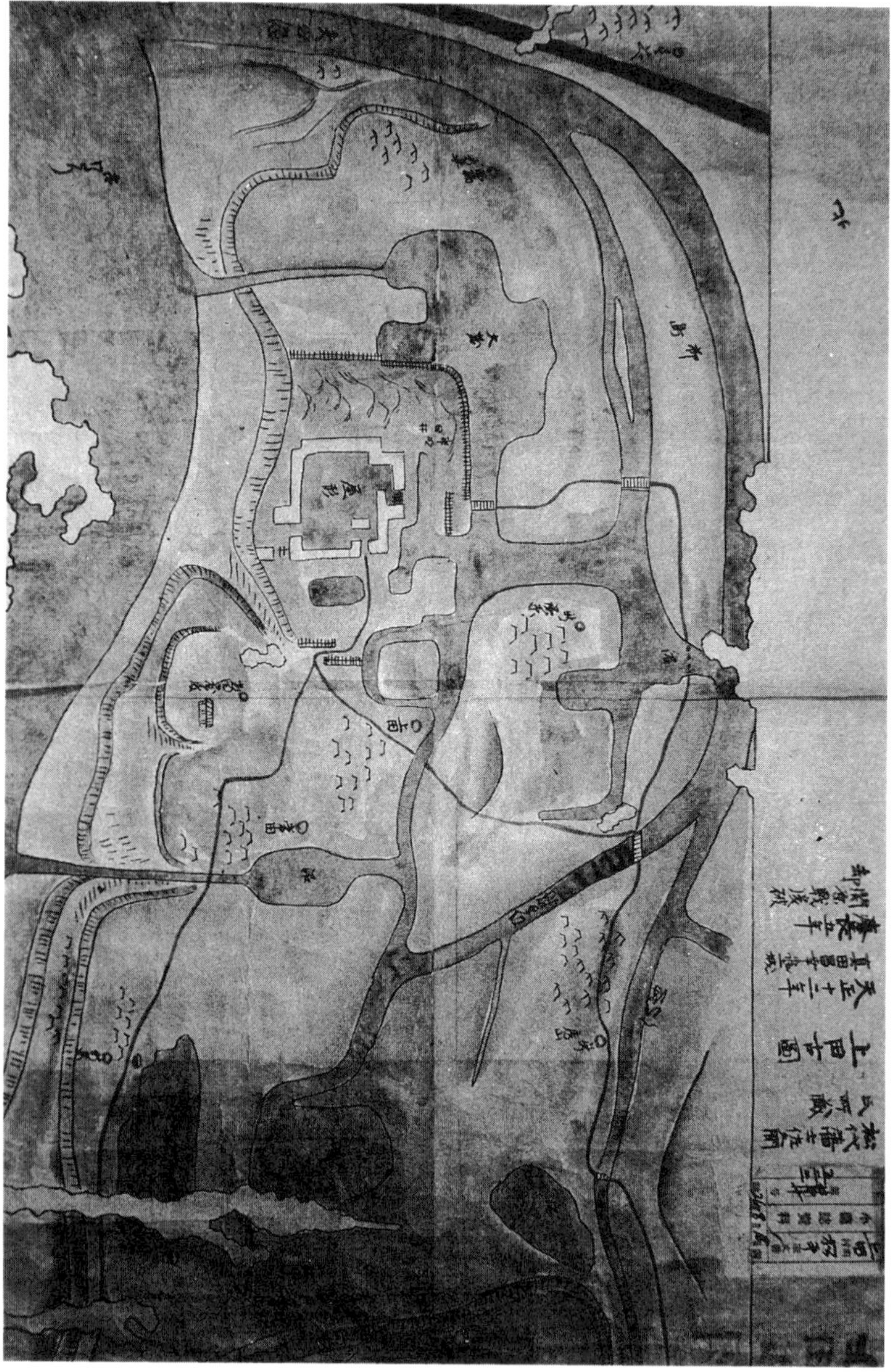

信之は昌幸が釈放される日のあることを期待していたであろう。高野山へ配流の人々のうち毛利輝元や蜂須賀家政等が釈放されているからである。その釈放の日には上田の城は父昌幸なり弟幸村に与えられるかもしれぬという予想もしたであろう。しかし、昌幸父子はついに釈放されず、前述のように慶長十六年五月、昌幸は高野山で病死した。

父昌幸が高野山で死んで、沼田城を居館としていた信之の考えは変わったと思われる。それは、上田をわが真田家の本城にしようということである。上田はいうまでもなく真田家にとって故郷の地である。徳川家にとっては不吉の城でも真田家にとっては由緒のある武功輝く名城である。信之は真田の家督を継いだ以上、上田を居城とし、やがて近代的城郭に修築したいと念願したであろうと思う。その悲願達成の日はようやく元和二年（一六一六）に訪れた。その前年五月、大坂城は落城し、豊臣氏が亡んで徳川氏の心配も除かれ、豊臣氏ゆかりの大名に警戒する必要もなくなった。そしてまたこの二年四月に家康が駿府城で病死する。

信之はその年沼田から上田に移ったと伝えられているが、この年の九月、上田の家臣に「上田屋敷留守中昼夜の番少しも油断あるべからず」と命令しているのをみると、この頃はまだ上田へ移住していないことは明らかであり、その他移住を示す記録や文書は見当らない。しかし、前記のような事情からみて、

上田城北櫓。向って右側の石垣に「真田石」がはめこまれている。裏側は堀。上田城にはこうした櫓が三基残されている。

翌年の三月ころ移住したものと考えられる。このとき、信之は嫡子の河内守信吉を沼田城主として沼田に残し、二男の内記信政を上田に連れてきている。

さて、上田に移ってみると屋敷はせまく、ことに廃城となった上田城の姿はみすぼらしいので、信之は上田城の修築を行いたいと思い、幕府に願いを出したらしい。その頃の上田城の地図をみると、本丸を始め昌幸時代のものはほとんど失われ、外郭内にわずかな屋敷と侍屋敷が散在するくらいで、領主の構えとはいえないようなものであった。信之は早く修築したかったらしいが幕府はなかなか許可しなかった。元和元年、幕府は諸侯の築城を制限し、一領主一城制をもうけて、無断で城を修築することを禁じたばかりなので、信之の希望は許されなかったであろう。

しかし、信之は上田城の修築をあきらめなかった。現状では荒れるにまかせてあったので、せめて本丸の形だけは造り、やがて石垣も積み、堀も作り、立派な城にしたいと考えたようである。天正の末ごろから全国の城は華麗になるものが多く、天守閣なども盛んにできてきた。信之もこの風潮に促がされぬはずはなく、じっさいに沼田城には慶長十二年に五層の美事な天守閣を建てていた。しかし信之の構想は結局、松代への転封で実現できなかったのである。

▲南櫓。北櫓と向き合っている。裏側は急な深い崖で、古くは崖下を千曲川が流れていた。

上田城と城下町

国分寺があり、国府があったといわれる上田。往時の東山道が通っていた処といわれる上田。この上田も真田昌幸の上田城築城前は、現在の原町から海野町にかけて芝地で、沼や池が散在し、柳・芦の類が繁茂し、掘っ建て小屋が四、五戸あるだけ、もちろん現在のような町の形はなく、野趣に満ちたものだった。野良道が縦横に走り、柳町のあたりは柳が森のように繁り、茶屋が一、二軒あったぐらいだった。

時世が変わって天正十二年（一五八四）、真田昌幸が伊勢山の戸石城から上田に移って上田城を築き城下町形成にのり出して、できたのが上田城下町である。城は軍事上の必要からつくったものであるが、同時に政治や経済の本拠でもなければならない。そこで、この上田城を中心としてまず武士の住む場所が定められた。それから商人や工業をする人たちも各地から集められ、それぞれきめられた場所で商工業が始められた。

記録によると、城の本丸や屋形（殿様の御殿）を中心として、武家屋敷が集まり、紺屋町・木町・原町・海野町・横町等、いわゆる北国街道ぞいに、商家などが多かった。

西櫓。真田神社の奥にある。向う側は南櫓と同じように深い崖。

上田城は千曲川の支流が淵となって流れている断崖の上に築かれた城で、この淵を尼が淵といったので、尼が淵城ともいわれた。ここで真田昌幸と、その子信幸（後に信之）・幸村は、徳川家康の大軍を二度にわたって迎えうち、ビクともせずにこれを打ち破って追い返している。上田城の名が天下に知れわたったのはそれからである。

関ヶ原の戦いの後、城は一旦破却され、信之は若干の修復を行った。その後城主は仙石氏・松平氏とかわり、改築・修理が重ねられたが、城の位置はあまり変わっていない。

上田城には最初から明治に至るまで、天主はなかった。本丸の固めは「七ッ櫓」と呼ばれた二層櫓を、東西の虎の口に二棟ずつ、土塁上に三棟配され、虎の口はさらに櫓門で固めた。仙石氏の修復もこの域を出ず、その後も水害や地震のための修復に終わっている。現在は東虎の口の両側の櫓と西虎の口の片側の櫓の三棟だけが残り、県宝に指定されている。

城下町の形成

築城に先立って真田昌幸は、先祖の地、原之郷（真田町本原）から原町の問屋滝沢家の初代信忠を始め、多くの住民を移し、また、深い関係のある海野の

旧北国街道の家並、柳町で。上田は城下町であると同時に、北国街道の宿場町でもあった。旧街道筋には今も古い家並がよく残っている。

郷（東部町本海野）からも五十数軒移住させて原町・海野町の町並みを作らせた。この原町・海野町を上田城下の元町という。この両町は、真田・仙石・松平時代から明治・大正・昭和まで、上田市の中心となり、商業経済の発展に寄与し、今日に至っている。（なお海野町、原町の人々の出身地を今も本（元）海野、本（元）原といっていることはよく知られている）

次には、鍛治職に家敷をあてがって鍛治町ができ、海野郷からよんだ染物業者に紺屋町を作らせた。そして海野町分に横町を、原町分に田町・柳町ができて、町並は連続した。この七町がいわゆる上田城下町である。

家臣たちの屋敷は、丸堀・新参町などの城内から、城外にまで進出し、馬場町・大工町・袋町・厩裏・連歌町・木町・鎌原に拡がった。真田昌幸から信之の時代には城下町としては未完成であったものが、次の仙石氏によって、次第に整備されて、現在残っているような町名や形ができたものと考えられる。

城下の八邑

上田の北方にそびえる太郎山の麓や、千曲川沿いには古くから郷村が散在していたが、これらの郷村は城下町を固めるために上田城周辺の隣接地に移住させたものも真田昌幸であるといわれている。太郎山の麓にあった山根・六工・

城下囲いの村々。城の防備も兼ねて、城の周辺に村人を移住させたが、そのことを示す古図。（上田市立博物館蔵）

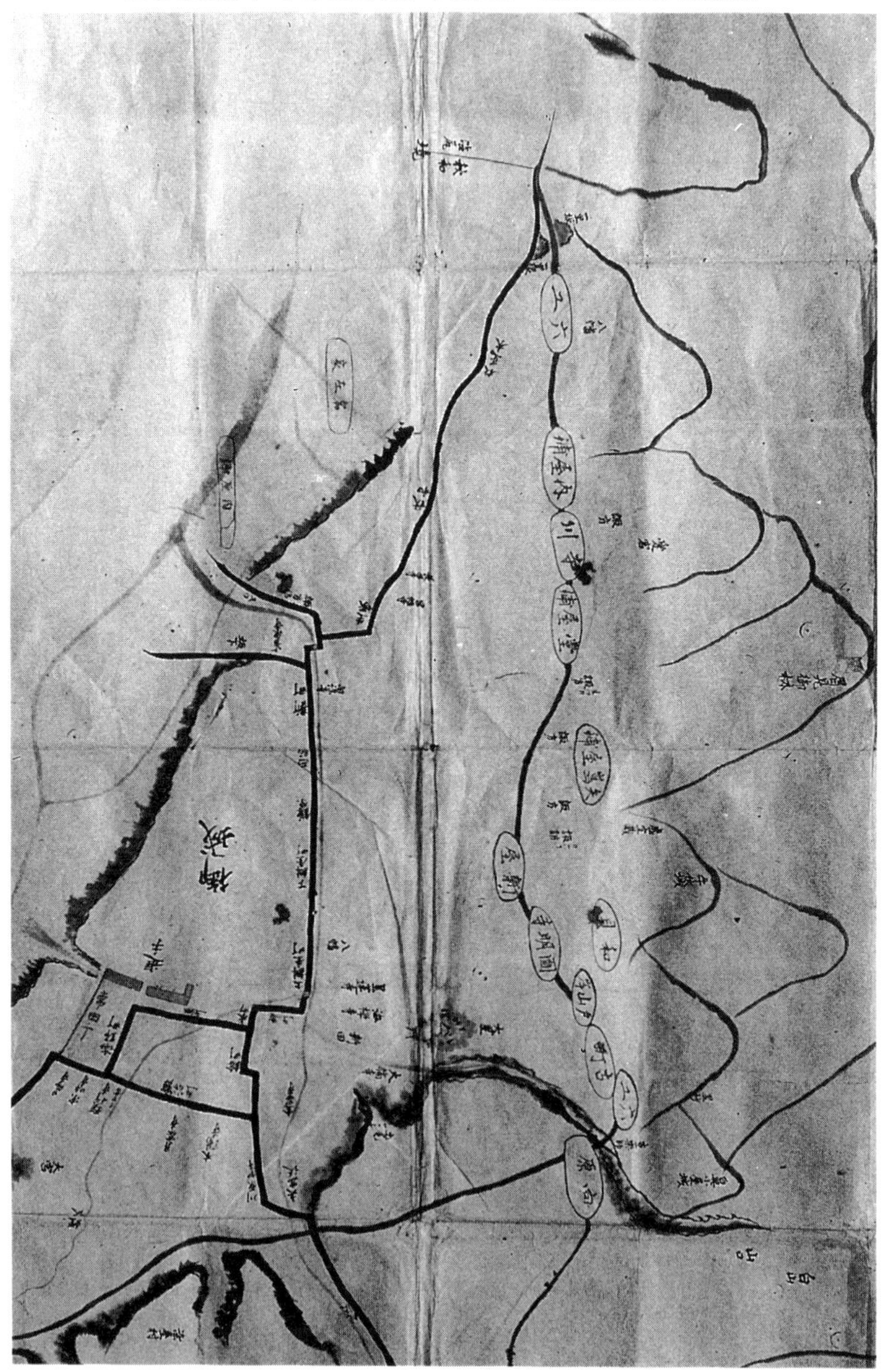

内屋敷・寺川と千曲川べりの宿在家を移して秋和とし、和久・円明寺・房山岸・古町・六工・向川原を移して房山とするといった方法で、それらの村では屋敷地が免税されるという優遇措置もとられた。

こうして城下町上田を軍事上の防衛目的をもってとりかこむようにおかれた村々は、東から踏入・常田・房山・鎌原・西脇・諏訪部（坂上・坂下）・生塚・秋和の八ヵ村で、これを「城下の八邑」ともよんでいる。城下町続きのこれらの村々は、江戸時代中頃から次第に町屋ふうに変わり、市場権をめぐる争いにまでなっている。そして今では旧城下町部分と区別のつかない町並みになった。

信之、松代へ移封

元和八年（一六二二）十月、上田から松代への移封を命ぜられた。上田・小県地方は、いうまでもなく、真田家にとって墳墓の地である。これを去ることは忍びない。ことに上田を小諸の仙石氏に与えるなど、この移封には何か幕府の底意が感じられるので、信之は心中はなはだ平らかではなかったようである。

信之は誠実な人物であり、徳川家との関係も親密であるが、上田城およびこれをめぐる士民に対しては幕府も警戒を禁じがたい。真田氏は一千年の歴史を

松代城跡。戦国期に武田信玄によって築かれ、川中島平ににらみをきかせた。海津城—松城—松代城と名が変り、信之以後真田氏の城として明治維新まで続いた。今は石垣などの遺構が残るのみである。

もつ氏族と住民とに結びついていると想定されているが、このような封建大名は徳川家にとっては好ましいものではない。幕府が慶長以来しきりに移封・廃絶を行ったのも、こういう大名の整理であった。その真田家は東海道に次ぐ重要路の中山道をおさえている。それは幕府の悩みであったと思われる。当時幕府の実力者は土井利勝と酒井忠勝であったが、その酒井が松代を領していたので好都合だったろう。すなわち酒井を出羽の庄内十三万石に移して、松代を真田に与えることにしたのは土井・酒井の協議の上と考えられぬこともない。この移封が将軍秀忠の辞職直前に行われたことも注意すべきで、秀忠はまもなく将軍職を家光にゆずり、自適の生活に入ることを決したが、それに先だって上田領の問題を処理して置きたいと思ったのではなかろうか。

それはともかく、信之へ江戸から呼び出しがきて、思いもよらなかった転封を言い渡される。元和八年（一六二二）八月のことである。その江戸からの帰途、彼は鴻の巣（現埼玉県）から家臣にあてた手紙の中で、次のように書いている。即ち、「河中島に於て過分の御知行拝領」を喜び、「誠に家の面目、外実共残る所なき仕合せ」としているが、追伸のところでは——

「尚々、我等事もはや老後に及び、万事入らざる儀と分別せしめ候へども、上意と申し、子孫の為に候条、御諚に任せ松城（松代）へ相移る事に候。様子に於ては心易かるべく候。」

信之の霊屋。真田家の菩提寺だった長国寺にある。信之は九十三歳という、当時としては稀にみる長寿を保って死んだが、最晩年にやっと隠居を許され、松代城外の柴に移り住んだ。その跡は大鋒寺となり、墓や遺品も多く残る。長谷寺の霊屋は極彩色がほどこされた華麗な建築で、国の重要文化財に指定されている。

と、本心をもらしている。このとき信之は五十八歳。すでに「老後」の心境であったかもしれないが、徳川幕府の支配体制が強固に確立されてきた時点で、もはや逆らうことは不可能であり、あきらめの心境であったのかもしれぬ。

こうして信之は四万石を加増され、松代十万石の領主として川中島地方を治めることになった。多数の家臣を引きつれ、寺社もいくつか移して、松代の地に落ち着く。上田築城後約四十年後のことである。そして信州では第一位の曲緒・石高をもつ大名になり、九十三歳の天寿をまっとうするのである。

信之が去ったあとの上田城には、小諸から仙石氏が入封した。城は未完成であったため、仙石氏も造営には苦心したようである。今に残る三基の櫓は、仙石氏が寛永年間（一六三〇頃）に築いたもの。

仙石氏はここで八十五年治政をしいたが、宝永三年（一七〇六）には仙石氏は但馬（兵庫県）の出石へ移封となる。かわって出石から松平氏が上田へ入封した。この松平氏が幕末まで百六十四年間上田城主としてこの地を支配するのである。

上田の寺院と神社

どの城下町をみても、その周囲には多くの寺院や神社が並べられている。城

上田市街地案内

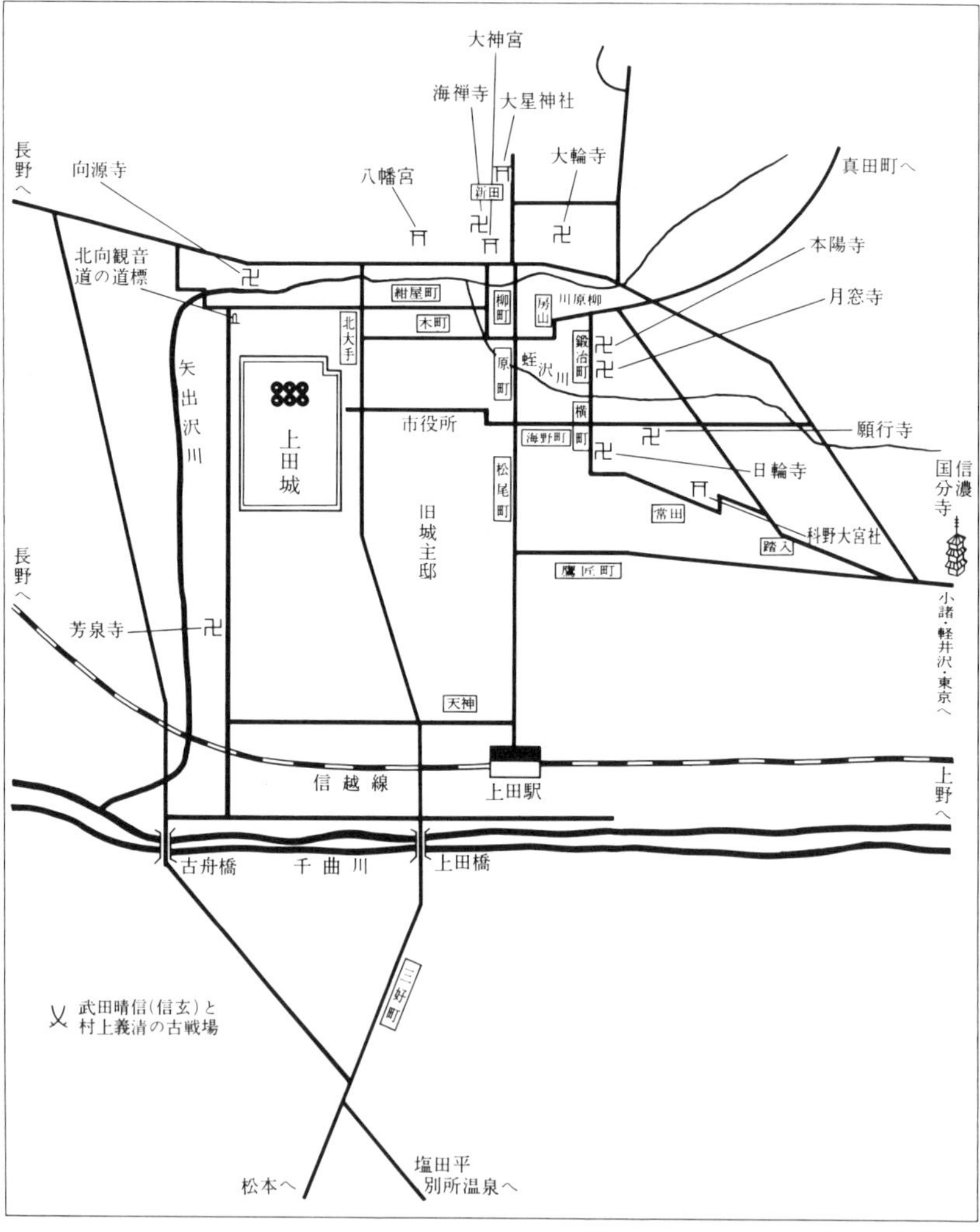

大神宮
海禅寺
大星神社
大輪寺
真田町へ
長野へ
向源寺
八幡宮
新田
本陽寺
北向観音
道の道標
紺屋町
柳町
房山
川原柳
月窓寺
北大手
木町
鍛冶町
矢出沢川
原町
蛭沢川
上田城
市役所
横町
願行寺
海野町
日輪寺
信濃
国分寺
松尾町
旧城主邸
常田
科野大宮社
踏入
長野へ
鷹匠町
小諸・軽井沢・東京へ
芳泉寺
天神
上田駅
信越線
上野へ
古舟橋
千曲川
上田橋
三好町
武田晴信(信玄)と
村上義清の古戦場
松本へ
塩田平
別所温泉へ

真田神社。上田城跡（公園）内にある。

下町上田でも、鍛治町やそれに続く横町は寺町といっていいほど多くの寺院が並んでいる。

東側の北から、金昌寺・浄念寺・本陽寺・月窓寺・伊勢宮・照月庵・願行寺・宗吽寺・日輪寺・光照院。

北側の東から、大輪寺・海禅寺・呈蓮寺・八幡社。

西側の北から、向源寺・常福寺（後の芳泉寺）。

寺院は大きな建築や数多くの墓石があり、城下町最前線の軍事基地の役目を負わせられていたといわれる。しかしそれだけでなく、それぞれの地方の豪族の庇護をうけ大きな勢力を保持していた寺院を移動して、領主の目の届く城下周辺に置き、直接真田氏の掌握するところとしたのだともいわれている。

次に今も上田に残る主な神社と寺院を紹介する。

真田神社

上田城跡の現存する三つの櫓の真中に位置するのが真田神社。本来は幕末に藩主だった松平家の氏神で松平（しょうへい）神社と称していたが、戦後上田神社と改名。さらに真田氏、仙石氏の歴代藩主も合祀されて真田神社となった。

〔上〕科野大宮社。市内常田にある。〔中〕境内にある駒形社。〔下〕同じく六所明神。

科野大宮社（しなのおおみやしゃ）

通称「大宮さん」といわれて親しまれている。戦前は県社という社格をもち、旧上田市では最も格式の高い神社であった。上田の城下町ができてからも、代々殿様の信仰があつく、破損の時の修理は上田藩が直接行ったといわれる。道端の鳥居をくぐって突き当りが拝殿で、その奥に本殿がある。ここの祭神は、大己貴神・事代主命・建御名方富命で俗にいう大黒様・えびす様・諏訪様である。なお、このお宮の境内に、真田氏の祖先が牧場の経営者であったことを知る駒形稲荷と六所明神が祭ってある。

八幡神社

八幡神社。市内新田にある。

勧請した年月は不詳であるが、小県郡東部町海野にあったものを、天正十二年（一五八四）真田安房守昌幸が上田城築城に当たり、鎮護のために、この現在地に移したと伝えられている。真田氏はもちろん仙石・松平氏の崇敬が篤く、藩主自ら参詣したり、社殿の造営、修理等は全て藩の費用で行われた。弓矢の神と崇められて、正月の射初式の金小的に当てた者は、その的と矢を奉納した。仙石氏奉納の白・黒一対の鷹の大絵馬は東信地方の最大・最古のものである。なお、松平氏時代の棟札、松平忠周・忠愛・忠順の三枚がある。

大星神社（おおぼし）

祭神は建御名方命、事代主命という。古い由緒をもつお宮で、上田城下町としては、常田の大宮社とならんでとくに有名な社である。房山の氏神なので、房山獅子は、まずここで舞を奉納してからねり出すのが例であっ

大星神社。市内新田にある。

（右）芳泉寺。市内諏訪部にある。
（左）芳泉寺にある小松姫の墓。

た。また、天正十五年の真田昌幸と慶長六年の真田信之の安堵状が残存している。

芳泉寺（ほうせんじ）

常磐城諏訪部にある浄土宗の寺。真田氏が上田築城の後、千曲川の南、下之条にあった全称庵をここに移して常福寺といって、真田信之はこれを菩提寺とした。元和六年（一六二〇）信之の妻小松姫が逝去したとき、その遺骨をここに納めた。境内に小松姫の墓がある。元和八年（一六二二）真田氏は松代へ移封になったとき、真田信之は小松姫の菩提のため松代へ大英寺を建てた。信之が松代へ移ったあと、代って上田城主となった仙石忠政は小諸から菩提寺であった宝仙寺をここに移し芳泉寺と改め、以来仙石氏の菩提寺とした。境内には仙石氏初代秀久とその子忠政、および忠政の長子政俊の墓が並んである。

大輪寺（だいりんじ）

戸石城の麓畑山村（上田市畑山）にあったが、兵火で焼けたので慶長年間（上田城築城のときともいわれる）真田昌幸が今のこの地に再建した寺である。畑山にこの寺の跡がある。寺の後の墓所の中央小高いところに真田昌幸の夫人寒松院殿の石塔がある。真田氏が松代移封のときいっしょに松代に移り、

〔右〕大輪寺。市内新田にある。〔左〕大輪寺の寒松院（昌幸夫人）の墓。

大林寺と称している。上田に残った大輪寺は、仙石氏・松平氏の尊敬を受け、今のようなりっぱな建築もそれらの領主の援助によったものである。

願行寺（がんぎょうじ）

上田市大門町にある浄土宗の寺で、真田昌幸が上田築城のとき現東部町本海野から移したもので、真田氏が松代に移ったとき松代にも願行寺を建てた。松平氏が上田の藩主になってから、その菩提寺となり、代々の殿様のお墓がある。なおこの寺の山門は、全体として桃山建築の様式と風格を伝え、とくに正面の唐破風がみごとである。

〔上〕願行寺。市内横町にある。
〔下〕願行寺の四脚門（山門）。

海禅寺。市内新田にある。

海禅寺（かいぜんじ）

今の東部町に名族海野氏の祈願寺として長い歴史を誇っていたが、天正十一年（一五八三）、真田昌幸が上田城を築くとき、海禅寺と改称して上田城の鬼門の方角の東北に移し、上田の城下町を守るための寺とした。以来四〇〇年、信濃における真言宗の談林として光栄ある役目を果し、今日に至っている。

戸石城と矢沢城

上田の郊外にある戸石城と矢沢城も、真田氏にとっては大きな役割を果たした城である。

戸石城・米山城

戸石城（砥石城）は今の上田市大字上野伊勢山にある山城。天文十九年（一五五〇）東信濃に勇名をはせた村上義清が、武田信玄の猛攻をはねかえして破った（いわゆる「戸石崩れ」）ことで有名である。その翌年、真田幸隆は調略によってこの城を乗っ取り、以後真田氏の本拠として重要な役割をになった。

城跡は旧神科村の畑山・伊勢山・金剛寺の三地区にまたがる東太郎山の一支

戸石城（右）と米山城跡。上田市方面から見る。なだらかな山に見えるが、近よると急な崖になっている。

脈の尾根先に位置し、四方に尾を引く地形を生かして構築されている。城跡からは上田盆地全域・依田窪地区・真田地区をはじめ北佐久地方まで望むことができる眺望のすぐれた山城である。

城跡は本郭のある本城を中心に、桝形城・戸石城・米山城と合わせて四か所によって構成されている連郭式の山城である。しかし通称は、戸石城でこのすべてを含めて呼び、ときには戸石城と米山城を区別することもある。

本城は戸石城全域で最も広大な城跡であるが、現状は遺構をとどめるものが少なく、耕地となったこともあり、原形がこわされている。大手は本城の東南の小渓谷「内小屋」と呼ばれる場所である。この沢の奥は水の手と呼ばれている。

桝形（ますがた）城は本城の北方に連続している。桝形の名のように、郭の西方入口に方四メートルほどの桝形がある。東側は傾斜面がきつく、神川端まで絶壁になっている。西側斜面もかなり急坂である。金剛寺峠上に抜ける尾根が続くが、堀切がいくつも残る。途中に湧水もあり、畑山の集落に下ることも可能である。

戸石城は展望のよくきく郭である。本城の南に連絡していて、本城とこの戸石城の間の鞍部を旧馬場という。馬場と戸石城の間の北縁は、幅九メートルの一条の堀切で区切られている。

米山（こめやま）城は戸石城の西方峰続きにあり、上田盆地方面の見晴らしがよい。白米

戸石城の頂上。見はらしがよく、小県地方全体をにらむには絶好の場所である。尾根伝いに本城・桝形城から太郎山方面にも通じている。

城の伝説が残り、今もハイキングコースとして親しまれている。

四城跡を含めた戸石城跡は、それぞれの城が本城に対する要害の役をなし、規模も当地方としては最大級の広大な山城である。この城は中世においては真田氏の南のおさえであったと想定され、室町時代の後期には村上氏が東信へ進出するための拠点となった。真田幸隆が攻略した後は真田氏の本城ともされた。のち昌幸が天正十一年（一五八三）上田に城を築いてからも、上田城外護の要害として重要視されたのである。

戸石城の周囲の集落と真田氏との関係も深かったようであるが、くわしいことは不明である。昌幸夫人・寒松院の墓のある上田の大輪寺は、畑山にあったものを移したという。伊勢山の陽泰寺も古刹で、古くは真田氏と何らかの関係があったものであろう。戸石城の山裾をめぐって伊勢山から畑山、そして真田地方へ抜ける古道があり、今の伊勢山集落にはその面影がただよっている。

矢沢氏と矢沢城

矢沢氏が矢沢を領有していたことは、室町期よりずっと遡ることができるが、実名が記載されているものは少ない。「守矢満実書留」（諏訪文書）文明二年と推定される項の矢沢幸有が初めてである。矢沢氏は神使御頭を勤仕しているところから、神氏一族となっていたものと思われる。矢沢氏が、どの頃から神

〔上〕矢沢城跡。上田市矢沢にある。本郭跡は公園になっている。〔中〕矢沢城遠景。赤坂方面から見る。〔下〕矢沢氏の菩提寺だった良泉寺。

氏族となったかは、明らかにすることはできないが、文明二年（一四五二）以降、天正十六年（一五八六）迄、神使御頭を勤めているので、少なくとも一一八年間は、神氏を名のっていたことになる。

矢沢氏の居城は、現在の上田市矢沢の集落の東山にあり、その北に近世矢沢氏の屋敷もある。武田・諏訪・村上の三氏連合軍の天文十（一五四一）年五月の海野平の合戦の際、敗戦の後「矢沢殿も色々侘言（わびこと）申され候」と「神使御頭之日と思われる。

記」にある通り、矢沢氏は、諏訪氏との関係で矢沢の所領に戻ることができた

　矢沢城跡は上田市大字殿城字矢沢小字城山にある。城山は矢沢集落の東方の烏帽子岳から神川にせまる東殿城山の尾根の尖端にある。南方は左口沢、北方もまた広い谷で区切られた残丘状の地形である。この城は真田幸隆の弟矢沢頼綱の築城と伝えるが、その前に真田氏が真田に本拠を置いた時代、西方の戸石城と相対して神川の左岸を押さえるための重要な城であったといわれる。

　矢沢城跡は今は公園として整備され、桜の名所としても知られる。城跡の裾を吉田堰がめぐっており、その下の矢沢集落の中には、旧旗本仙石氏の屋敷跡、代官屋敷の跡も残る。城の北の山裾には、矢沢氏が菩提寺とした良泉寺があり、貴重な古文書が保存されている。

　矢沢氏は真田幸隆の弟である矢沢頼綱（綱頼とも）の活躍が有名であるが、その子三十郎頼幸も各地に転戦して武功いちぢるしい。そして以後も真田氏の家老として重きをなした。その後裔は今も松代に住み、数々の貴重な歴史的文書を伝えている。

上田公園入口。城跡は今は公園として整備されている。

現在の上田城跡

上田城は明治維新の後、売却されたりしたが、今は上田公園として整備され、市民の憩いの場として、また文化・スポーツの中心として親しまれている。城跡としては、いくつもの堀、高い石垣の上に築かれている三基の櫓など、たっぷりと歴史のロマンをしのぶことができよう。

上田市立博物館には真田氏はじめ歴代城主の遺品や民俗資料が陳列されており、古き世の人々の息吹きを直接感じとることができる。また、上田地方の歴史や工芸などの小冊子を何冊も発行しており、手軽に求められる。

北櫓・南櫓・西櫓は寛永年間の建築。北櫓の石垣にはめこまれている「真田石」と真田神社横の「真田井戸」は、昌幸の築城当時のままと伝えられる。緑濃い堀の周辺は散策のコースとみても楽しい。

上田公園から出て市役所の裏手へまわると、現在は上田高校となっているところが旧藩主邸跡。上田高校の正門は藩主邸の門を今も使用しており、その前の堀とともに往時の面影を色濃くとどめている。

真田氏系図

真田氏の系譜については、「寛政重修諸家譜」「真武内伝」「滋野世記」その他によると異動が多い。ここではそれらを勘案し、昌幸・信幸（信之）・信繁（幸村）等を中心に記した。

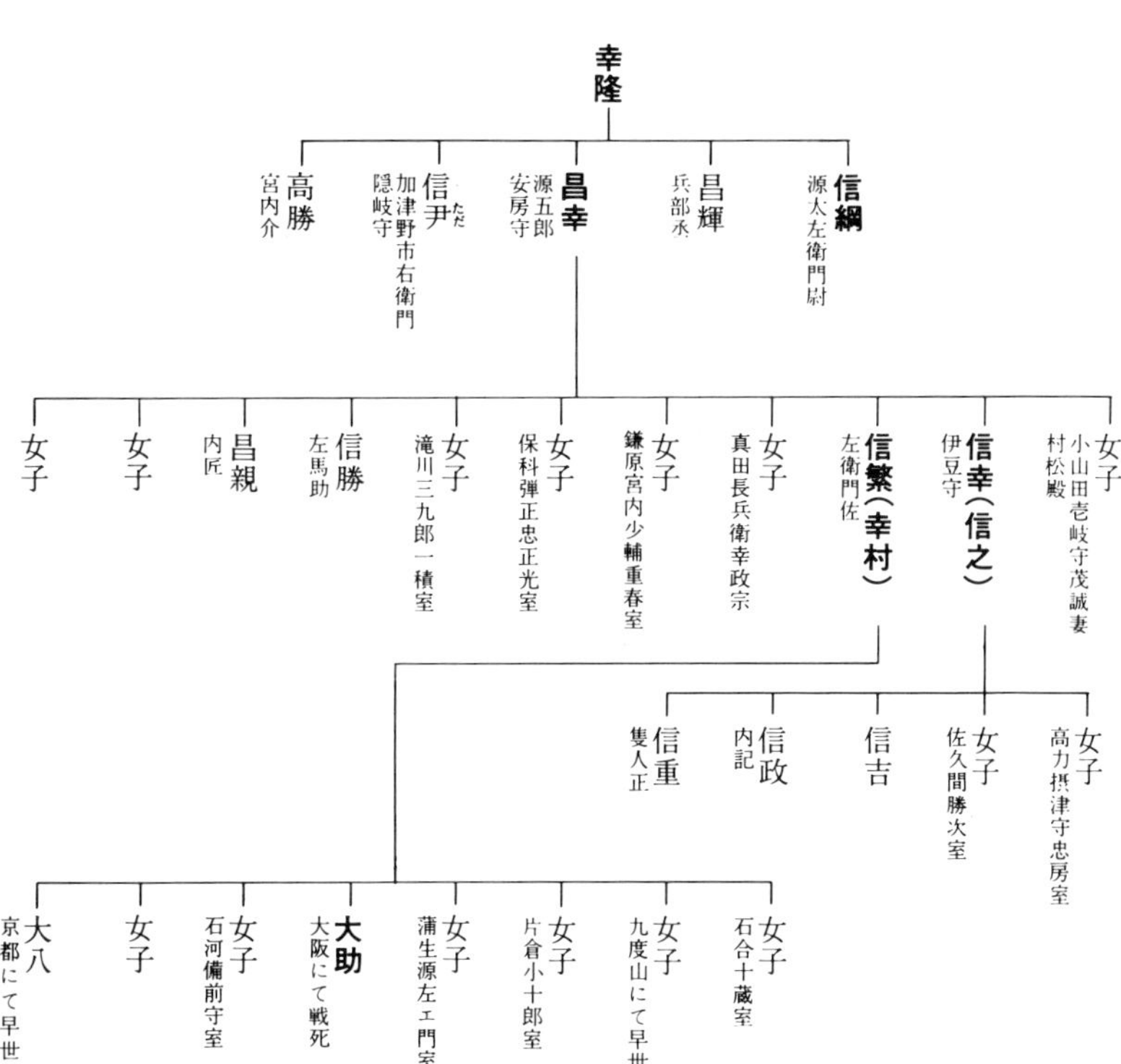

天正10年	1582	真田氏、織田氏に従う。
天正10年	1582	真田昌幸、上州沼田城を攻略する。
天正11年	1583	真田昌幸、上田城築城。
天正13年	1585	上田合戦(第一次)。徳川軍8,500人、真田方1,000人にて大勝。
天正13年	1585	豊臣秀吉、真田昌幸を大坂に招く。昌幸、信之・信繁を伴いて上坂する。
天正16年	1588	長谷寺(真田町長地区)の開基を伝えている。
天正18年	1590	真田信之、徳川家康の養女小松姫(本多忠勝の娘)を娶る。
天正18年	1590	豊臣秀吉の小田原合戦。真田一族は東山道の先鋒をつとめ松井田城を攻略。
文禄元年	1592	朝鮮征伐に真田一族は手兵700人をもって肥前名護屋を守る。
文禄3年	1594	真田信繁(幸村)、大谷吉継の娘を娶る。
慶長5年	1600	真田父子、宇都宮在の犬伏の陣で東軍、西軍に別れる。
慶長5年	1600	上田合戦(第二次)。徳川秀忠軍、真田昌幸に進路をはばまれ、関ヶ原合戦におくれる。
慶長5年	1600	真田昌幸・信繁、上田を引き上げて高野山、九度山(和歌山県)に蟄居。
慶長16年	1611	真田昌幸、九度山に卒す。
慶長19年	1614	真田信繁(幸村)、九度山より大坂城に入る。兄信之は徳川軍に属す。
慶長19年	1614	徳川軍、大坂の真田丸を攻めて大敗す(大坂冬の陣)。
元和元年	1615	真田信繁(幸村)、大坂南方安居天神境内にて戦死(大坂夏の陣)。
元和2年	1616	真田信之、妻子を沼田より上田へ移す。
元和6年	1620	小松姫逝く。
元和8年	1622	真田信之、松代に移封。上田へは小諸仙石忠政が入部。
寛永18年	1641	上田城修理完了(現上田城)。
万治元年	1658	真田信之逝く。
宝永3年	1706	上田藩主仙石政明、但馬出石へ移封。松平忠周、出石より上田へ移封。
明治2年	1869	上田藩、版籍奉還。
明治4年	1871	廃藩置県。

真田一族関係略年表

養老元年	717	山家神社(真田町)に白山権現を祀る。
天平13年	741	信濃国分・国分尼寺(上田市)建立された。
宝亀5年	774	日本霊異記に跡目の人、他田舎人蝦夷、孃里の人大伴連忽勝の話が掲載されている。
延暦20年	801	坂上田村麻呂の伝説、実相院(真田町)に伝わる。
天安元年	857	山家神社(真田町)洪水のため現地に移転する。
治承4年	1180	木曽義仲、依田城(丸子町)で挙兵。
寿永3年	1184	木曽義仲、征夷大将軍となるが粟津にて敗死。
弘安元年	1278	このころ太郎山神社(上田市)の再建を伝えている。
貞治6年	1367	実相院(真田町傍陽地区)の宝筐印塔の銘。
応永3年	1396	穴沢弾正塚(真田町傍陽地区)の銘。
応永7年	1400	大塔合戦。反守護軍の中に実田の名が見える。
永享12年	1440	山家神社(真田町)かけ仏の銘。
嘉吉元年	1441	結城合戦。この戦いに真田源太、源吾、源六の名がある。
文亀3年	1503	耕雲寺(真田町傍陽地区)の五輪塔の銘。
享禄3年	1530	安智羅明神(真田町角間)に真田幸隆の18歳の木像。
天文6年	1537	実相院(真田町傍陽地区)馬頭観音厨子の銘。
天文10年	1541	海野平の戦い(神川合戦)。武田信虎・諏訪頼重・村上義清の連合軍が小県郡を侵し、海野幸義戦死、真田一族上州へ逃れる。
天文16年	1547	真田幸隆、このころ武田信玄の招きに応じ、矢沢氏も武田に従う。真田昌幸生まる。
天文19年	1550	武田信玄、真田幸隆に諏訪形(上田市)の地を与える。信玄、村上義清に敗れる(戸石崩れ)。
天文20年	1551	真田幸隆、戸石城(上田市)を調略にて攻めとる。
天文22年	1553	村上義清、葛尾城(坂城町)の落城により越後へ走る。
天文23年	1554	小県・佐久地方武田信玄の勢力下へ。真田幸隆本領真田へ復帰。
永禄5年	1562	山家神社(真田町)、奥社、社殿の扉に真田幸隆の銘。
永禄9年	1566	真田信之(信幸)生まる。
天正元年	1573	武田信玄逝く。
天正2年	1574	真田幸隆逝く。
天正3年	1575	長篠合戦。真田信綱・昌輝共に戦死。
天正9年	1581	真田昌幸、上州岩櫃城を攻略する。

参考文献

『上田小県誌』歴史篇　上・下……上田小県誌刊行会（上小教育会）
『信濃史料』……信濃史料刊行会
『上田市史』　上・下……藤沢直枝（上田市）
『小県郡誌』……小山真夫（小県郡役所）
『小県郡年表』……上野尚志（上小郷土史研究会復刊）
『城下町上田』……上田市立博物館
『上田城』……上田市立博物館
『上田築城四〇〇年　真田史料展』……上田市立博物館
『真田三代録』……猪坂直一
『上田小県歴史年表』……清水利雄
『真田通記』（滋野通記解題）……清水憲雄解読復刊
『高白斎記』『真田御事蹟稿』……信濃史料叢書より
『真田氏城跡群』……真田町教育委員会
その他　『吾妻鏡』『加沢記』『真武内伝』『甲斐国志』『箕輪町誌』『蓮華定院文書』等

あとがき

この四月から、NHKテレビ「真田太平記」の放映がはじまった。わが上田市や真田町を訪れる人の数がめっきり多くなったことは、いうまでもない。それにつれて私たちのところへもいろいろな質問が来るようになった。真田昌幸は信幸と幸村しか男の子がなかったのかとか、「真田十勇士」というのはほんとうにあったのかとかいう類のことが多い。中には真田氏の史実について講演をという依頼も少なからぬ数に上がってきたことも記しておかねばならない。

考えてみれば真田一族は、わが信濃が生んだ誇るべき存在である。この機会にその真実の姿を明らかにしておくことは、一族を生んだ上田市、真田町さらに東信濃一帯の地方史を研究しているいわば地元の東信史学会の責任ではないかという話がもち上がった。

さいわいこの地方には、『信濃国小県郡年表』『小県郡史』『上田市史』『上田小県誌』を通じて約百年にわたる真田氏関係の研究や史料の蓄積がある。それを基本にしてこの機会に真田氏の史実をわかり易く説明することは、むしろわれわれの義務である。そして、それが、池波正太郎さんやNHKの描き上げた壮大なロマンをさらに、興味深いものにすることにもなるのではないかという発想が、この書を発刊させる原動力ともなった。

上田市と真田町の教育委員会はこの企画に直ちに賛意を表して下った。そして、私達の仕事に陰に陽に援助を与えられた結果生まれたのが、この書である。編集のスタッフは一応次に上げる諸名であるが、実は長野県の数おおくの同志、後援者の厚意の結晶がこの内容となったと考えた方がよさそうである。

一々御名前をあげることは省略させていただくが、中でも信毎書籍出版センター及び金子万平氏には格別のお世話になった。ここにその協力をいただいた方々に、東信史学会を代表して深く謝意を表して、あとがきとする次第である。

昭和六〇年七月　　東信史学会長　黒坂周平

資料提供（敬称略）
上田市立博物館（上田市）　真田宝物館（長野市松代）　山家神社（真田町）
信綱寺（真田町）　大鋒寺（長野市松代）　滝沢敦（上田市）　長井彦助（上田市）　小宮山宗助（上田市）　飯島芳郎（丸子町）　矢沢頼忠（長野市松代）

写真提供
上田市立博物館　久保浩美　金子万平　山浦哲雄

編集委員

長野県史刊行会理事
東信史学会長　黒坂　周平

信濃史学会理事　小池　雅夫

真田町公民館長　久保　浩美

東信史学会理事　宮沢　文雄

上田市博物館学芸員　川上　元

東信史学会編集委員　竜野敬一郎

東信史学会編集委員　金子　万平

東信史学会事務局長　山浦　哲雄

協賛　上田市教育委員会
真田町教育委員会

真田一族の史実とロマン

編者　東信史学会

印刷　信毎書籍印刷株式会社

発行　東信史学会

配本取扱　信毎書籍出版センター
〒三八一-〇〇三七
長野市西和田一-三〇-三
TEL(〇二六)二四三-二一〇五